LADOLE SCENCE CLEMEN TINE

Autrement, Les Oeuures de Clement Marot de Cahors en Quercy, Valet de Chambre du Roy, composees en leage de son Adolescence.

Auec la Complaincte sur le Trespas de feu Messire Florimond Robertet, Et plusieurs aultres Oeuures faictes par iceluy Marot depuis leage de sa dicte Adolescéce. Le tout reueu, corrige, & mis en bon ordre.

N. Beraldus, in Clementis Adolescentiam.

Hi sunt Clementis iuueniles, aspice, Lusus.
  Sed tamen his ipsis est iuuenile nihil.

On les vend a Paris, deuant Leglise Saincte Geneuiefue des Ardens, Rue Neufue nostre Dame, A Lenseigne du Faulcheur.

Auec Priuilege pour Trois Ans.

Petrus Brissetus
In Maroti Adolescentiam.

Quæ cecinit iuuenis iuuenili mente Marotus,
Testantur qualis Musa senilis erit.

Go, Torinus Biturigicus. In Eundē.
Ad lectorem.

Vis lauros, cipryasq; comas/charitesq;, iocosq;
Inde sales etiam nosse?Marotus habet.

Le Priuilege.

IL est permis a Pierre Roffet, dict le Faulcheur, Marchant, Libraire demourant a Paris faire iprimer ce present Liure intitule, Ladolescēce Clementine, compose par Clemēt Marot valet de chambre du Roy, ensemble certains autres petits traictez du dict Autheur. Et sont deffenses faictes a tous autres Libraires & Imprimeurs de ne les imprimer, ne vendre aucunement dautre impression que de la presente, dedās troys Ans sur peine Damende arbitraire. Et Confiscation des Liures esquelz ilz aurōt mesprins.

Clement Marot a vng grant nõbre de freres quil a, tous Enfans Dapollo, Salut.

IE ne sçay (mes treschers Freres) qui ma pl9 incite a mettre ces miénes petites ieunesses en lumiere: ou voz continuelles prieres, ou le desplaisir que iay eu den ouyr cryer & publier par les rues vne grande partie/ toute incorrecte/ mal imprimee/ & plus au proffit du Libraire, qua lhonneur de Lautheur. Certainement toutes les deux occasiõs y ont seruy/ mais plus celle de voz prieres, Puis donques q̃ vo9 estes cause de leuidence de loeuure, ie suis daduis sil en viẽt blasme, que la moytie en tõbe sur vo9/ & sil en sort (daduenture) honneur, ou louange, que vous ne moy ny ayons riẽ, mais celluy a qui seul est deu honneur & louange. Ne vous chaille (mes Freres) si la courtoysie des lecteurs ne nous excuse, Le tiltre du liure no9 excusera. Ce sont Oeuures de ieunesse / Ce sont coups dessay. Ce nest (en effect) autre chose q̃ petit iardin que ie vo9 ay cultiue de ce que iay peu recouurer darbres/ dherbes/ & fleurs de mõ primtemps/ la ou (touteffoys) vous ne verrez vng seul brin de Soucye. Lisez hardymẽt, vo9 y trouuerez quelque delectatiõ, & en certains endroictz quelq̃ peu de fruict. Peu dis ie, pour ce quarbres nouueaulx entez, ne produisent pas fruictz de trop grãde saueur. Et pource q̃ ny a iardin ou ne se puisse rencontrer quelque herbe nuysante ie vous supply (mes Freres) (& vous autres nobles lecteurs) si aucun mau=

uais Exemple(daduenture en lifant)fe prefen toit a voz yeulx, que vous luy fermez la porte de voz voulentez,& que le pis que vous tire rez de ce liure/soit passetéps, Esperãt de brief vous faire offre de mieulx, & pour arres de ce mieulx, defia ie vous mectz en veue(a la fin de Ladolefcéce)Ouuraiges de meilleure trempe & de plus polie estoffe, mais Ladolescence ira deuant, & la commancerons par la premiere Eglogue des Buccoliques Virgilanes, transla tee(certes)en grãde ieunesse, comme pourrez en plusieurs sortes congnoistre, mesmemét par les couppes femenines que ie nobseruoys en cor alors, dont Iehan le Maire de Belges (en les maprenant)me reprint. Et a Dieu Freres tresaymez, lequel ardamment ie supplye vous dõner & continuer sa grace. De Paris ce.xij. iour Daoust.M.D.XXXII.

LA MORT NY MORD.

Table des choses contenues en Ladolescence Clementine.

LA premiere Eglogue des Buccoliques de Virgile, translatee de latin en Frācoys, cōmence au premier fueilet, signe en nombre.j.
Le temple de Cupido, & la Queste de Ferme Amour.cōmence au fueillet.v.
Le Iugement de Minos, cōmēce au fueil.xiiij.
Les tristes vers de Philippes Beroalde, translatez de latin en Francoys, cōmēcēt au fueil.xx.
Vne Oraison contemplatiue deuāt le Crucifix translatee de latin en Francoys, cō.au.f.xxiij.
Neuf Epistres, par cy deuant non imprimees, fors la premiere.commēcent au fueil.xxvj.
Deux Complainctes.commen.au.f.xlj.
Treize Epitaphes.com.au.f.xliiij.
Treize Ballades.com.au.f.xlvij.
Vng Chant royal de la Cōception nostre Dame.commen.au fueil.lvj.
Cinquante huict Rondeaulx.com.au.f.lvij.
Huict Dizains.commen.au.f.lxxiiij.
Cinq Blasons.commen.au.f.lxxvj.
Six Enuoys.commen.au.f.lxxvij.
Trente Chansons.commen.au.f.lxxviij.

Les choses contenues aux Oeuures qui ne sont de Ladolescence.

LA Deploration de feu Messire Florimond Robertet.commēce au fueil.xc.
Vne Eglogue sur le trespas de feu Ma Dame

✚ iij

Mere du Roy.com.au fueil.c.
Chant Royal Chrestien.com.au.f.cv.
Chant Royal, dont le Roy bailla le refrain, commence au fueil.cvj.
L epistre du Coq en Lasne.com.au.f.cvij.
Epistre a mon seigneur le Chancelier du Prat, commence au fueil.cix.
Dizain de Marot, faisant mention de Preudhō me.commen.au fueil.cx.
Epistre au Roy, de Marot emprisonne, commence au fueil.cx.
Epistre a monsieur le Cardinal de Lorreine. commen.au fueil.cxj.
Epistre au Roy pour Marot, estant malade a Paris.commen.au fueil.cxij.
Huittain a ce propos.com.au.f.cxiiij.
Ballade sans refrain.com.au.f.cxv.

LADOLESCENCE CLE-
MENTINE.

Cest assauoir, Les Oeuures Poetiques que Clement Marot de Cahors en Quercy, Valet de Chambre du Roy, composa en leage de son Adolescence.

Etpremierement.

La Premiere Eglogue des Bucoliques de Virgile, Translatee de Latin en Francoys.

Melibee.

TOy Tityrꝰ gisant soubz le Fousteau
Large & espays / dung petit chalumeau,
Chantes chansons Rustiques en beaulx chantz,
Et noꝰ laissons (maulgre noꝰ) les doulx chāps
Et noz pays. Toy oysif en lombraige,
Faiz resonner les Forestz qui sont raige
De rechanter apres ta Chalemelle,
La tienne amye Amarillis la belle.
Tityrus.
O Melibee/mon bon amy parfaict,
Vng Dieu fort grant, ce bien icy ma faict.
Lequel aussi tousiours mon Dieu sera,
Et bien souuent son riche autel aura
Pour sacrifice vng Aigneau le plus tendre,
Que mõ trouppeau pourray choisir & prēdre.

A j

La premiere Eglogue

Car il permect mes brebis venir paistre
(Comme tu voys) en ce beau lieu champaistre
Et que ie chante en mode pastouralle
Ce que vouldray de ma fluste ruralle.

Melibee.

Ie te promectz, que ta bonne fortune
Dedans mon cueur, ne mect enuie aucune.
Mais mesbahys, comme en toutes saisons
Malheur nous suyt, en noz champs & maisons
Ne voys tu point (gentil Berger) helas?
Ie tout malade/& priue de soulas.
Dun lieu loingtain mene cy mes cheurettes,
Acompaignees daigneaulx & brebiettes.
Et (qui pis est) a grant labeur ie meine
Celle que voys, tant meigre en ceste plaine,
Laquelle estoit la totalle esperance
De mon trouppeau. Or ny ay ie asseurance,
Car maintenant (ie te promectz) elle a
Faict en passant/pres de ces Couldres la
Qui sont espays/deux gemeaulx aignelletz
Quelle a laissez (moy contrainct) tous seuletz,
Non dessus lherbe ou aucune verdure.
Mais tous tremblans dessus la pierre dure.
  Ha Tityrus (si ieusse este bien saige)
Il me souuient/que souuent par presaige,
Chesnes frappez/de la fouldre des cieulx,
Me predisoient ce mal pernicieux.
Semblablement/la sinistre Corneille,
Me disoit bien/la fortune pareille.
Mais ie te pry Tityre compte moy
Qui est ce Dieu/qui ta mis hors desmoy?

Tityrus.

De Virgile.

Ie sot cuydois/que ce que lon dit Romme,
Fust vne ville ainsi petite comme
Celle de nous, la ou mainct aignellet
Nous retirons/& les bestes de laict.
Mais ie faisoys semblables a leurs peres
Les petiz chiens, & aigneaulx a leurs meres.
Acomparant (dimprudence surpris)
Chose petite/a celle de grant pris.
Car (pour certain) Rome noble & ciuile
Lieue son chef/par sus toute autre ville.
Ainsi que font les grans & haultz Cypres,
Sur ces buyssons, que tu voys icy pres.

Melibee.
Et quelle cause si grande ta este
Daller veoir Rome?

Tityrus.
Desir de Liberte.
Laquelle tard touteffois me vint veoir,
Car ains que vint, barbe pouoys auoir.
Si me veit elle en pitie bien expres,
Et puis ie leuz assez long temps apres.
Cest assauoir, si tost queuz acoinctee
Amarillis, & laisse Galathee.
  Certainement ie confesse ce poinct,
Que quant iestoys a Galathee ioinct,
Aucun espoir de Liberte nauoye,
Et en soucy de bestail ne viuoye.
Voire & combien, que mainteffois ie feisse
De mes trouppeaux/a noz dieux sacrifice.
Et nonobstant/que force gras frommage,
Se feist tousiours en nostre ingrat village.
Ce neantmoins/iamais iour de sepmaine,

La premiere Eglogue

Ma main ches nous ne sen retournoit pleine.
Melibee.
O Amarille? moult ie mesmerueilloys,
Pourquoy si triste les dieux tu appelloys,
Et mestonnoys pour qui dentre noz hommes,
Tu reseruoys en larbre tant de pommes.
Tityre lors ny estoit (a vray dire,)
Mais touteffois (o bien heureux Tityre?)
Les Pins treshaultz/les ruisseaux qui couloiēt,
Et les buissons/adonques tappelloient.
Tityrus.
Queusse ie faict, sans de ches nous partir?
De seruitude ie neusse peu sortir,
Nailleurs qua Rome neusse trouue des Dieux
Si a propos/ne qui me duissent mieulx.
La (pour certain) en estat triumphant
(O Melibee?) ie vy ce ieune enfant
Au los de qui, nostre autel par coustume,
Douze fois Lan en Sacrifice fume.
Certes cest luy, qui premier respondit
A mes requestes/& en ce point me dit.
Allez enfans, menez paistre voz beufz
Comme deuant, ie lentends & le veulx,
Et faictes ioindre aux vaches voz thoreaux.
Melibee.
Heureux vieillard/sur tous les pastoureaux,
Doncques tes champs par ta bonne auenture
Te demourront/& assez de pasture.
Quoy que le Roc dherbes soit despoille,
Et que le lac de bourbe tout soille,
Du ionc lymeux couure le bon herbage,
Ce neantmoins le mauuais pasturage,

De Virgile. Fueil.iij.

Ne nourrira iamais tes brebis pleines.
  Et les trouppeaux de ces prochaines plaines
Desormais plus/ne te les gasteront,
Quant quelque mal contagieux auront.
  Heureux vieillard, desormais en ces prees
Entre ruisseaux & fontaines sacrees
A ton plaisir, tu te reffraischiras.
Car dun coste, ioignant de toy auras
La grant closture, dune saulsaye espesse
La ou viendront manger la fleur sans cesse
Mousches a miel/qui de leur bruyt tant doulx
Te inciteront a sommell tous les coups.
De lautre part, sur vng hault roc sera
Le Rossignol, qui en lair chantera.
Mais ce pendant/la Palombe enrouee,
La Tourtre aussi de chastete louee
Ne laisseront a gemir sans se taire
Sus vng grant Orme, & tout pour te cõplaire.
                    Tityrus.
Donques plustost, cerfz legiers & cornuz
Viuront en lair/& les poissons tous nudz
Seront laissez de leurs fleuues tariz.
  Plustost boyront les Parthes Araris
Le fleuue grant/& Tigris Germanie.
Plustost sera ma personne bannie
En ces deux lieux, & leurs fins & limites
Circuiray a iournees petites
Auant que cil, que ie tay racompte
Du souuenir de mon cueur soit oste.
                    Melibee.
Las & nous autres irons sans demouree
Vers le pays Daffrique lalteree.

A iij

La premiere Eglogue

La plus grant part en la froide Scithie
Habiterons, ou irons en partie
Au fleuue Oaxe/impetueux de Crete,
Puis quen ce point fortune le decrete.
Finablement viendrons tous esgarez,
Vers les Angloys du monde separez.
  Long temps apres/ou auant que ie meure,
Verray ie point mon pays & demeure,
Ma pouure loge/aussi faicte de chaulme?
Las sil aduient quen mon petit Royaulme
Reuieigne encor, ie le regarderay,
Et des ruines fort ie mestonneray.
  Las fauldra il, qung gendarme impiteux
Tieigne ce champ/tant culte & fructueux?
Las fauldra il qung barbare estranger
Cueille ces bledz? O en quel grant danger
Discorde a mis/& pasteurs & marchans.
Las pour qui est ce, quauõs seme noz champs?
O Melibee/plante Arbres a la ligne
Ente Poyriers, mectz en ordre la Vigne.
Las & pour qui? Allez iadis heureuses,
Allez brebis/maintenant malheureuses.
  Apres cecy de ce grant creux tout vert,
La ou souuent me couchois a couuert
Ne vous verray/iamais plus de loing paistre,
Vers la montaigne espineuse & champaistre.
Plus ne diray chansons recreatiues,
Ne dessoubz moy/poures cheures chetiues
Plus ne paistrez le Trefle florissant,
Ne laigre fueille au Saule verdissant.
    Tityrus.
Tu pourras bien (& te pry que le vueilles)

Prendre repos deſſus des vertes fueilles
Auecques moy/ceſte nuyct ſeulement,
Iay a ſoupper aſſez paſſablement,
Des pōmes doulces/tout plain de bō frōmage
Chaſtaignes molles/auec force laictage.
Et puis des villes les cheminees fument,
Deſia le feu pour le ſoupper allument.
Il ſen va nuyct/ & des haultz mōtz deſcendent
Les grandes vmbres/qui parmy lair ſeſpādent

Fin de la premiere Eglogue des
Buccoliques de Virgile.

A iiij

Fueil.v.

Le Temple de Cupido. Et la Queste de Ferme Amour.

Vr le printemps que la belle Flora
Les chãps couuers, de diuerse flour a
Et son amy Zephirus les esuente/
Quant doulcement en lair souspire &
vente.
Ce ieune Enfant Cupido Dieu daymer,
Ses yeulx bandez commanda deffermer
Pour contempler de son throsne celeste
Tous les Amans quil attaint & moleste.
 Adonc il veyt au tour de ses charroys,
Dun seul regard, maintz victorieux Roys,
Haultz Empereurs/princesses magnifiques
Laydes & laidz, visaiges deifiques
Filles & filz, en la fleur de ieunesse
Et les plus fortz, subgectz a sa haultesse.
 Brief, il congneut, que toute nation
Ployoit soubz luy, comme au vent le Syon.
Et qui plus est, les plus souuerains dieux
Veyt tresbucher, foubz ses Dartz furieux.
 Mais ainsi est/ que ce cruel Enfant,
Me veoyant lors en eage triumphant
Et messouyr entre tous ses souldars.
Sans point sentir la force de ses dars.
Veoyant aussi que en mes oeures & dictz,
Ie alloys blasmant damours tous les edictz
Delibera dun assault amoureux.
Rendre mon cueur (pour vne) langoreux.
 Pas ny faillyt: Car par trop ardente ire
Hors de sa trousse, vne sagette tire
De boys mortel/ empenne de vengeance.

Le Temple

Portant vng fer forgé par desplaisance
Au feu ardant de rigoreux reffus.
Laquelle lors (pour me rendre confus,)
Il deschargea sur mon cueur rudement.
  Qui lors congneust mon extreme tourment,
Bien eust le cueur remply dinimytie,
Si ma douleur ne leust meu a pitie.
Car daucun bien/ie ne fuz secouru
De celle la/pour qui iestoys feru.
Mais tout ainsi que le doulx vent Zephire
Ne pourroit pas fendre marbre ou pourphire.
Semblablement mes complainctes & criz,
Mon doulx parler/& mes humbles escriptz
Neurent pouuoir damollir le sien cueur,
Qui contre moy/lors demoura vainqueur.
Dont congnoissant/ma cruelle maistresse
Estre trop forte & dure forteresse
Pour cheualier si foible que iestoye.
Veoyant aussi que lamour ou iectoye
Le mien regard/portoit douleur mortelle.
Deliberay si fort mesloigner delle,
Que sa beaulte ie mettroys en oubly.
Car qui damours ne veult prendre le ply,
Et a desir de fuyr le danger
De son ardeur, pour tel mal estranger
Esloigne soy/de la dame ou personne,
A qui son cueur enamoure se donne.
Si feiz deslors (pour plus estre certain
De loublier) vng voyage loingtain.
Car ientreprins/soubz espoir de lyesse,
Daller chercher vne haulte Deesse
Que Iuppiter/de ses diuines places
Iadis transmist en ces Regions basses

De Cupido. Fueil. vj.

Pour gouuerner les esperitz loyaulx,
Et resider es dommaines Royaulx.
Cest Ferme Amour la dame pure & munde
Qui long temps a/ne fut veue en ce monde.
Sa grant bonte me feit aller grant erre
Pour la chercher en haulte Mer & Terre
Ainsi que faict vng cheualier errant,
Et tant allay celle dame querant,
Que peu de temps apres ma departie,
Ie circuy du monde grant partie.
Ou ie trouuay gens de diuers regard,
A qui ie dys, Seigneurs, si Dieu vous gard
En ceste terre auez vous point congnu
Vne pour qui ie suis icy venu?
Larbre dhonneur, la chaste columbelle,
Fille de paix, du monde la plus belle
Qui Ferme Amour sappelle. Helas seigneurs
Si la sauez, soyez men enseigneurs.
 Lors lun se taist/qui me fantasia.
Lautre me dit, Mille ans ou plus y a,
Que Damour Ferme en ce lieu ne souuint.
Lautre me dit, iamais icy ne vint.
 Dont tout soubdain/me prins a despiter.
Car ie pensois que le hault Iuppiter.
Leust de la terre en son Throsne rauie.
 Ce neantmoins/ma pensee assouuie
De ce ne fut, tousiours me preparay
De poursuyuir. Et si deliberay
Pour rencontrer celle dame pudique
De men aller au Temple Cupidique
En mesbatant. Car ieuz en esperance
Que la dedans faisoit sa demourance.
 Ainsi ie pars/daller me diligente,

Le Temple

Par vng matin, que Aurora la fulgente
Vient preparer les clartez diuturnes,
En dechaſſant les tenebres nocturnes.
    Le droit chemin/aſſez bien ie trouuoye,
Car ca & la, pour adreſſer la voye
Du lieu deuot/Les paſſans pelerins
Alloient ſemant Roſes & Rommarins,
Faiſans de fleurs mainte belle montioye,
Qui me donna aucun eſpoir de ioye.
    Et dautre part/rencontray ſur les rangs
Du grant chemin, maintz pelerins errans
En ſouſpirant, diſans leur aduenture
Touchant le fruict, damoureuſe paſture
Ce qui garda de tant me ſoucier,
Car de leur gre vindrent maſſocier,
Iuſques a tant que fuz preſt deſtre entre,
En la maiſon du beau Dieu Pharetre,
Fainct a pluſieurs/& aux autres loyal.
    Or eſt ainſi, que ſon Temple Royal
Suſcita lors mes ennuyez eſpritz
Car enuiron de ce diuin pourpris
Y ſouſpiroit le doulx vent Zephirus.
Et y chantoit le gaillard Tityrus,
Le grant Dieu Pan, de par ſes paſtoureaux
Gardant brebis/beufz/vaches/& thoureaux
Faiſoit ſonner chalumeaulx/cornemuſes
Et flageolletz/pour eſueiller les Muſes
Nymphes des boys/& Deeſſes haultaines
Suyuans iardins/boys/fleuues/& fontaines,
Les oyſelletz par grant ioye & deduyt
De leurs goſiers reſpondent a tel bruyt,
    Tous arbres ſont en ce lieu verdoyans,
Petiz ruiſſeaux y furent vndoyans,

De Cupido. Fueil.vij.

Tousiours faisans au tour de prez herbus
Vng doulx murmure: Et quant le cler Phebus
Auoit droit la/ses beaulx rayons espars,
Telle splendeur rendoit de toutes pars
Ce lieu diuin, que aux humains bien sembloit
Que terre au ciel de beaulte ressembloit.
Si que le cueur me dit par preuidence
Ce hault Palays estre la residence
Da Ferme Amour, que ie queroye alors.
Parquoy veoyant de ce lieu la dehors
Estre si beau, espoir madmonnesta
De poursuyuir, & mon corps transporta
(Pour rencôtrer ce que mon cueur poursuyt)
Pres de ce lieu basty comme sensuyt.

Description du Temple de Cupido.

CE Temple estoit, vng clos flory verger,
Passant en tout le val delicieux,
Auquel iadis Paris ieune berger
Pria damours Pegasis aux beaulx yeulx.
Car bié sembloit, que du plus hault des cieulx,
Iuppiter fust/venu au mortel estre
Pour le construire, & le faire tel estre
Tant reluysoit en exquise beaulte.
Brief on leust prins pour Paradis terrestre
Se Eue & Adam dedans eussent este.

Pour ses armes, Amour cuysant
Porte de gueules a deux traictz
Dont lun ferre dor tresluysant,
Cause les amoureux attraictz.
Lautre/dangereux plus que tres,

Le Temple

Porte vng fer de plomb mal couche.
Par la poincte tout rebouche
Et rend lamour des cueurs estaincte,
De lun fut Apollo touche,
De lautre Daphne fut attaincte.

Si tost que ieuz lescusson limite/
Leuay les yeulx, & promptement ie veiz
Du grant portal sur la sublimite
Le corps tout nud, & le gratieux viz
De Cupido, Lequel pour son deuiz
Au poing tenoit vng arc riche tendu/
Le pied marche, & le bras estendu.
Prest de lascher, vne flesche aguisee
Sur le premier, fust fol ou entendu,
Droit sur le cueur, & sans prendre visee

La beaulte partant du dehors
De celle maison amoureuse,
Dentrer dedans mincita lors,
pour veoir chose plus sumptueuse.
Si vins de pensee ioyeuse,
Vers Bel Acueil le bien apris,
Qui de sa main dextre ma pris
Et par vng fort estroit sentier/
Me feit entrer au beau pourpris,
Dont il estoit premier Portier.

Le premier huys de toutes fleurs vermeilles,
Estoit construict/ & de boutons yssans.
Signifiant que ioyes non pareilles
Sont a iamais en ce lieu florissans.
Celluy chemin/tindrent plusieurs passans,

De Cupido.

Car Bel Acueil en gardoit la barriere,
Mais Faulx danger gardoit sur le derriere
Vng Portal faict despines & chardons,
Et dechassoit les Pellerins arriere,
Quant ilz venoient pour gaigner les pardons.

Bel Acueil ayant robe verte,
Portier du iardin precieux,
Iour & nuyct laisse porte ouuerte,
Aux vrays Amans & gratieux,
Et dun vouloir solatieux,
Les retire soubz sa baniere,
En chassant sans grace planiere
(Ainsi comme il est de raison)
Tous ceulx qui sont de la maniere,
Du faulx & desloyal Iason.

Le grant autel est vne haulte roche,
De tel vertu/que si aucun Amant
La veult fuyr, de plus pres sen approche,
Comme lacier de la pierre daymant.
Le ciel ou poisle, est vng Cedre embasmant
Les cueurs humains/duquel la largeur grande
Coeuure Lautel, Et la pour toute offrande,
Corps/cueur/& biens/a Venus fault liurer.
Le corps la sert/le cueur grace demande,
Et les biens font/ grace au cueur deliurer.

De Cupido le Dyadesme,
Est de Roses vng chapellet/
Que Venus cueillit elle mesme,
Dedans son iardin verdellet,
Et sur le printemps nouuellet,

Le Temple

Le transmist a son cher Enfant
Qui de bon cueur, le va coyffant.
Puis donna (pour ces roses belles)
A sa mere vng Char triumphant,
Conduict par douze colombelles.

Deuant Lautel, deux Cipres singuliers
Ie vey florir soubz odeur embasmee.
Et me dist on, que cestoient les pilliers
Du grant autel de haulte Renommee.
Lors Mille oyseaulx dune longue Ramee,
Vindrent voller sur ces vertes courtines,
Prestz de chanter chansonnettes diuines.
Si demanday, pourquoy la sont venuz.
Mais on me dist, Amy ce sont matines,
Quilz viennent dire en lhonneur de Venus.

Deuant Lymaige Cupido
Brusloit le brandon de Destresse,
Dont fut enflammee Dido,
Biblis, & Helene de Grece.
Iehan de Mehun/plain de grant sagesse,
Lappelle (en termes sauoureux)
Brandon de Venus rigoreux.
Qui son ardeur iamais nattrempe,
Touteffois au Temple amoureux,
(Pour lors) il seruoit dune Lampe.

Sainctes & Sainctz/quon y va reclamer,
Cest Beau parler, Bien celer, bon Raport,
Grace, Mercy, Bien seruir, Bien aymer,
Qui les Amans font venir a pon port.
Dautres aussi, ou pour auoir support

De Cupido. Fueillet.ix.

Touchant le faict damoureuses conquestes,
Tous pellerins doiuent faire requestes,
Offrandes, veuz, prieres, & clamours,
Car sans ceulx la, lon ne prend point les bestes
Quon va chassaut en la forest damours.

Chandelles flambans ou estainctes
Que tous Amoureux Pellerins
Portent deuãt telz sainctz & sainctes,
Ce sont bouquetz de rommarins
Les chantres, Lynotz/& Serins,
Et Rossignolz au gay couraige,
Qui sur buyssons du vert bocaige
Ou branches en lieu de pulpitres,
Chantent le ioly chant ramaige,
Pour Versetz/Respons & Epistres.

Les vitres sont de cler & fin Cristal.
Ou Painctes sõt les Gestes auctẽtiqs
De ceulx qui ont iadis de cueur loyal
Biẽ obserue, damours les loix Antiqs.
En apres sont les tressainctes reliques
Carcans, Anneaulx, aux sacrez tabernacles
Escuz/Ducatz/dedans les clos obstacles,
Grãs chaines dor, dõt maît beau corps est ceict
Qui en amours font trop plus de miracles,
Que beau Parler ce tresglorieux sainct.

Les voultes furent a merueilles
Ouurees souuerainement,
Car Priapus les feit de treilles,
De fueilles de vigne & serment,

B j

Le Temple

La dependent tant seulement
Bourgeons & raisins a plaisance,
Et pour en planter abondance/
Bien souuent y entre Bacchus,
A qui Amours donne puissance,
De mettre guerre entre bas culz.

Les cloches, sont Tabourins/& Doulcines
Harpes/& Lucz, instrumens gratieux,
Haulxboys/Flageolz/Trõpettes/& Buccines
Rendans vng son si tressolatieux,
Quil nest souldart tant soit audacieux
Qui ne quittast Voulges & Braquemars/
Lances/Harnoys/Sallades/& Plumars/
Pour estre moyne au Temple Damourettes,
Quant il orroit sonner de toutes pars
Le carrillon de si doulces clochettes.

Les dames donnent aux malades,
Qui sont recommandez aux prosnes,
Ryz/baisers/regards/& oeillades,
Car ce sont Damours les aulmosnes.
Les prescheurs sõt vieilles matrosnes
Qui aux ieunes donnent courage
Demployer la fleur de leur eage,
A seruir Amours le grant Roy,
Tant que souuent par beau langaige/
Les conuertissent a la Loy.

Les Fons du Temple estoit vne Fontaine,
Ou decouroit vng ruisseau argentin.
La se baignoit mainte dame haultaine,

De Cupido. Fueil.x.

Le corps tout nud, monstrant vng dur tetin.
Lors on eust veu marcher sur le patin
Pouures Amans a la teste enfumee
Lun apportoit a sa tresbien aymee,
Esponge/Pigne/& chascun appareil.
Lautre a sa dame estandoit la ramee,
Pour la garder de lardeur du soleil.

Le Cymetiere est vng vert boys.
Et les murs, Hayes/& Buissons/
Arbres plantez, ce sont les Croix
De profundis, gayes Chansons.
Les Amans surprins des frissons
Damours:& attrappez es laqz,
Deuant quelque huys tristes & las,
Pour la tumbe dun trespasse,
Chantant souuent le grant helas,
Pour Requiescant in pace.

Ouidius/maistre Alain Chartier
Petrarche/aussi le Rommant de la rose,
Sont les Messelz/Breuiare/& Psaultier,
Que ce sainct Temple on lyt en ryme & Prose,
Et les lecons, que chanter on y ose,
Ce sont rondeaulx/ ballades/ virelaiz/
Motz a plaisir/rymes/& triolletz.
Lesquelz Venus, aprend a retenir
A vng grāt tas damoureux nouuelletz
Pour myeulx sauoir dames entretenir
    Autres manieres de Chansons
Leans on chante a voix contrainctes
Ayans casses & meschans sons,

B ij

Le Temple

Car ce sont criz/pleurs/& complainctes
Les petites chapelles sainctes
Sont chambrettes/& cabinetz,
Ramees/boys/& iardinetz
Ou lon se perd quant le verd dure
Leurs huys sõt faictz de buyssonnetz
Et le paue, tout de verdure.

Le benoistier fut faict en vng grant plain,
Dun Lac fort loing dherbes/plantes & fleurs
Pour eaue beniste, estoit de larmes plain
Dont fut nomme, le piteux Lac de pleurs.
Car les Amans dessoubz tristes couleurs
Y sont en vain maincte larme espandans.
Les fruictz Damours la ne furent pendans
Tout y sechoit, tout au long de lannee.
Mais bien est vray, quil y auoit dedans
Pour asperges, vne Rose fenee.

Marguerites/lis/& oeilletz,
Passeueloux/roses flairantes
Rommarins/boutons vermeilletz
Lauandes odoriferantes,
Toutes autres fleurs apparentes
Iettans odeur tresadoulcie
Qui iamais vng cueur ne soucie
Cestoit de ce Temple lencens,
Mais il y eut de la soulcie/
Vela qui me troubla le sens.

Et si aucun pour le monde laisser
Veult la dedans, se rendre moyne ou prebstre,

De Cupido. Fueillet .xj.

Tout autre estat, luy conuient delaisser
Puis va deuant Genius larcheprebstre
Et deuant tous en leuant la main dextre
Destre loyal fait grans veuz & sermens
Sur les autelz couuers de paremens
Qui sõt beaux lictz a la mode ordiaire
La ou se font damour les sacremens
De iour & nuyct sans aucũ luminaire.

 Depuis que vng hõme est la rendu
Soit saige ou sot, ou peu ydoine
Sans estre rez ne tondu,
Incontinant on le faict moyne.
Mais quoy, il na pas grant exoine
A comprendre les sacrifices
Car damourettes les seruices
Sont faictz en termes si tresclers
Que les apprentiz & nouices
En sauent plus, que les grans clers.

 De Requiẽ, les messes sont aubades
Cierges rameaulx/& sieges la verdure
Ou les Amãs fõt rõdeaux & ballades
Lun y est gay/lautre mal y endure.
Lune mauldit, par angoisse tresdure
Le iour auquel, elle se maria
Lautre se plainct, que ialoux mary a
Et les sainctz motz, que lon dit pour les ames
Comme Pater, on Aue maria
Cest le babil, & le caquet des Dames.

 Processions, ce sont morisques

Le Temple

Que font Amoureux champions
Les hayes Dallemaigne frisques/
Passepiedz/branles/tourdions
La, par grans consolations
Vng auec vne deuisoit
Ou, pour Euangiles, lisoit
Lart daymer, faict en Rhetorique.
Et lautre, sa dame baisoit
En lieu dune saincte Relique.

 En to9 endroitz, ie visite & cōtēple
Presques estant de merueille esgare
Car en mes ans, ne pense point veoir Temple
Tant cler/tant net/ne tant bien prepare
De chascun cas, fut a peu pres pare/
Mais touteffois, y eut faulte dun poinct.
Car sur lautel, de Paix, ny auoit point
Raison pourquoy? tousiours Venus la belle
Et Cupido, de sa darde qui poingt
A tous humains faict la guerre mortelle.

 Ioye y est, & dueil remply de ire
Pour vng repos, des trauaulx dix
Et brief, ie ne sauroys bien dire
Si cest Enfer ou Paradis.
Mais par comparaison ie dys
Que celluy Temple est vne rose
Despines & ronces enclose
Petiz plaisirs, longues clamours.
Or taschons a trouuer la chose
Que ie cherche, ou Temple Damours.

De Cupido. Fueil.xij.

Edãs la nef du triumphant dõmaine
Sõgeãt resuãt lõguemt me pourmaie
Voyãt reffuz, qui p ses durs alarmes
Va incitant, loeil des amãs a larmes
Oyant par tout, des clochettes les sons
Chanter versetz, damoureuses lecons
Voyant chasser de Cupido les serfz
Lun a connilz, lautre, a lieures & cerfz.
Lascher faulcons/leuriers courir aux boys.
Corner/soufler, en trompes & haulx boys
On crie/on prend, lun chasse & lautre happe.
Lun a ia prins, la beste luy eschappe.
Il court apres, lautre rien ny pourchasse
On ne veit oncq, vng tel deduyt de chasse
Comme cestuy: Or tiens ie tout pour veu
Fors celle la, dont veulx estre pourueu
Qui ma plonge, au grant lac de Destresse.
Cest de mon cueur la treschere maistresse
De peu de gens, au monde renommee
Qui Ferme Amour, est en terre nommee
Long temps ya, que la cherche & poursuys
Et (qui pis est) en la terre ou ie suys
Ie ne voy fors, incertaine apparence
Que son gent corps y face demourance
Et croy quen vain, ie la voys reclamant
Car la dedans, ie voy vng fol Amant
Qui va choysir, vne dame assez plaine
De grand beaulte. Mais tant y a qua peine
Eust contemple, son maintien gracieux
Que Cupido, le Dieu tant precieux
Tendit son arc, encocha sa sagette
Les yeulx bandez, dessus son cueur la gette.

B iiij

Le Temple

Si rudement, voyre de facon telle
Quil y crea, vne playe mortelle
Et lors Amours le iucha sur sa perche
Ie ne dy pas celle que tant ie cherche
Mais vne Amour venerique & ardẽte
Le bõ renom des humains retardãte
Et dont par tout le mal estime fruict
Plus q̃ de lautre en cestuy mõde bruyt
Vne autre amour fut de moy appceue
Et croy que fut au tẽps iadis conceue
Par Eolus courant & variable
Car oncq̃s chose on ne vyt si muable,
Ne tãt legiere en chascũs lieux & pars
Le sainct pouuoir, p la terre est espars
Chascũ la veult/lẽtretiẽt/& souhaitte
A la suyuir tout homme se dehaitte
Que diray plus? Certes vng tel amer
Cest Dedalus, volletant sur la mer
Mais tãt a bruyt, quelle va ternissant
De fermete, le nom resplendissant.
 Par tel facon en mõ chemin & voye
Assez & trop, ces deux Amours trouuoye
Mais lune fut lubrique & estrangiere
Trop a mon vueil/Et lautre, si legiere
Que au grand besoing, on la treuue ennemye.
Lors bien pensay, que ma loyale amye
Ne cheminoit iamais dessoubz les arches
La ou ces deux soulloient faire leurs marches.
Parquoy concludz en autre part tirer
Et de la nef soubdain me retirer
Pour rencontrer la dame tant illustre
Celle de qui iadis, le trescler lustre

De Cupido Fueil.xiij.

Souloit chasser,toute obscure souffrance
Faisant regner,paix diuine soubz France
Celle pour vray sans le blasme daucun
Qui de deux cueurs,maintesfois ne faict qung
Celle par qui,Christ qui souffrit moleste
Laissa iadis,le hault Throsne celeste.
Et habita ceste basse vallee
Pour retirer nature maculee
De la prison infernale & obscure.
 A poursuyuir,soubz espoir ie prins cure
Iusques au cueur du Temple me transporte
Mon oeil sespart,au trauers de la porte
Que le Dieu Pan,feit dabrisseaux tours vers
Mais a grand peine,euz ie veu a trauers
Que hors de moy,cheurent plainctes & pleurs
Comme en yuer seches fueilles & fleurs
Tristesse & dueil,de moy furent absens
Mon cueur garny,de Lyesse ie sens
Car en ce lieu,vng grand Prince ie veiz
Et vne dame,excellente de vis
Lesquelz portans escuz de fleurs Royales
Quon nomme Lys,& Dhermines Ducales
Viuoient en paix,dessoubz celle Ramee
Et au millieu,Ferme Amour deulx aymee
Dhabitz aornee,a son grant auantaige
Quonques Dido,la Royne de Cartage
Lors que Aeneas receut dedans son port
Neust tel Richesse,honneur maintien & port
Combien que lors Ferme Amour auec elle
De vrays subgectz,eust petite sequelle
 Lors bel Acueil,ma le Buisson ouuert
Du cueur du Temple,estant vng pre tout verd

Le Temple de Cupido.

Si merciay Cupido par merites
Et saluay Venus & ses karites
Puis Ferme Amour, apres le myen salut
Tel me trouua, que de son gre voulut
Me retirer dessoubz ses estendars
Dont ie me tins, de tous pouures souldars
Le plus heureux: puis luy comptay comment
Pour son amour continuellement
Iay circuy mainte contree estrange
Et que souuent, ie lay pensee estre ange
Ou resider en la court celestine
Dont elle print, tressacree origine
Puis laduerty, comme en la nef du Temple
De Cupido (combien quelle soit ample)
Nay sceu trouuer, sa tresnoble facture
Mais que a la fin, suis venu dauenture
Dedans le cueur, ou est sa mansion
Parquoy concludz en mon inuention
Que Ferme Amour, est au cueur esprouuee
Dire le puis, Car ie luy ay trouuee.

Fin du Temple de Cupido.

Fueil.xliii.

Le Iugement de Minos sur la preference de Alexandre le grant, Hanibal de Cartaige, & Scipion le Romain, ia menez par Mercure aux lieux inferieurs deuant iceluy Iuge.

Alexandre

Õ Hãnibal, mõ hault cueur magnanie
Ne peut souffrir, q̃ p̃ gloire sublime
Vueillez marcher par deuant mes
charroys
Quant a honneurs & triumphans arroys
Car seulement aucun ne doit en riens
A comparer ses faictz darmes aux myens
Ains (comme nulz) est decent de les taire
Entre les preux.

Hãnibal

Ie soustiens le contraire,
Et men rapporte a Minos lun des Dieux
Iuge infernal, commis en ces bas lieux
A soustenir le glaiue de Iustice
Dont fault que droit auec raison iuste ysse
Pour vng chascun.

Minos

Or me dictes seigneurs
Qui estes vous qui touchant haulx honneurs
Querez auoir lun sur lautre auantaige?

Alexandre

Cy est le Duc Hãnibal de Cartaige
Et ie le grant Empereur Alexandre
Qui feiz mon nom, par tous climatz espendre
En subiuguant, les nations estranges

Minos

Le Iugement

Certes voz noms, sont de haultes louanges
Dignes de loz & de gloires supresmes
Dont decorez sont voz clers dyadesmes
Si mesbahyz, qui vous a meu ensemble
Auoir debat.

Alexandre

Minos (comme il me semble)
Tu doys sauoir, & nes pas ignorant
Quoncq ne souffriz homme de moy plus grant
Ne qui a moy fust pareil ou esgal
Mais tout ainsi comme Laigle Royal
Estend son vol, plus pres des airs celestes
Que nul oyseau/par belliqueuses gestes
Iay surmonte, tous humains aux harnoys
Parquoy ne veulx, que ce Cartaginois
Ayt bruyt sur moy, ne costoye ma chaize

Minos

Or conuient doncq, que lun de vous se taise
Affin que lautre, ayt loysir & saison
Pour racompter, deuant moy sa raison

Hanibal

Certes Minos, ceulx ie repute dignes
Destre esleuez, iusques aux cours diuines
Par bon renom, qui de basse puissance
Sont paruenuz a haultaine acroissance
Dhonneur & biens, & qui nom glorieux
Ont conqueste, par faictz laborieux
Ainsi que moy, qui a peu de cohorte
Me departy, de Cartaige la forte
Et en Sicile ou marcher desiroye
Prins & Rauy, pour ma premiere proye
Vne Cite, Sarragoce nommee

De Minos Fueil.xv.

Des fiers Romains tresgrandement aymee
Que maulgre eulx, & leur force superbe
Je pestellay aux piedz ainsi que lherbe
Par mes haultz faictz, & furieux combas.
　On scait aussi, comme ie mys au bas
Et dissipay (dont gloire ie merite)
Des Gallicans, le puissant exercite
Et par quel art, moyens & facons caultes
Taillay les Montz, & les Alpes treshaultes
Minay & mys les Rochers en rompture
Qui sont haultz murs massonnez par nature
Et le renfort, de toutes les Itales
Auquel pays (quant mes armes ducales
Y flamboyoient) les ruisseaux tous ordiz
Du sang Romain, que lors ie y espandiz
En sont tesmoings, & certaines espreuues,
Si est le Pau/Tibre/ & maintz autres fleuues
Desquelz souuent, la trespure & claire vnde
Iay faict muer, en couleur rubiconde
Pareillement, les chasteaulx triumphans
Par sus lesquelz, mes puissans Elephans
Je feiz marcher iusques aux murs de Rome
Et nest decent, que ie racompte ou nomme
Mes durs combatz, recontres martiennes
Et grans effortz, par moy faict deuant Cannes
Grant quantite de noblesse Romaine
Ruerent ius, par puissance inhumaine
Lors mes deux bras, quant en signe notoire
De souuerain triumphe meritoire
Troys muys danneaulx a Cartaige transmis
De tressin or: lesquelz furent desmys
Des doiz des mortz, sur les terres humides

Le Iugement

Tous eſtenduz: Car des charongnes vuydes
de leurs eſpritz, giſantes a lenuers
Par mes conflictz, furent les champs couuers
De tel facon, quon en feit en maintz lieux
Ponts a paſſer fleuues eſpacieux.
 Par mainteſfois & ſemblables conqueſtes
Plus que canons, ou fouldroyans tempeſtes
Feiz eſtonner, du monde la monarche
Touſiours contēt, quelque part ou ie marche
Le tiltre ſeul, de vray honneur auoir
Sans vaine gloire, en mon cueur conceuoir
Comme ceſtuy, qui pour occaſion
Dune incredible, & vaine viſion
La nuyct dormant, apparue a ſa mere
Se diſoit filz de Iuppiter/Le pere
De tous humains, aux aſtres honnore
Et comme dieu voulut eſtre adore
Aincoys Minos, touſiours & ainſi comme
Petit ſouldart, me ſuis repute homme
Cartaginoys, qui pour heur ou malheur
Ne fuz attainct, delyeſſe ou douleur
Puis on congnoiſt, comme au pays Daffrique
Durant mes iours, pour la Choſe Publique
Me ſuis voulu vray obeiſſant rendre
Et que ainſi ſoit, ainſi comme le mendre
De tout mon oſt/au ſimple mandement
De mes conſors, concludz ſoubdainement
De men partir/& adreſſay ma voye
Vers Italie, ou grant deſir auoye.
Que diray plus? par ma grande proueſſe
Et par vertu de ſens & hardieſſe
Iay eſcheue maintz autres durs effors

De Minos   Fueil.xvj.

Contre & enuers les plus puissans & fortz
Mes estandars,& guidons martiens
Oncq ne dressay, vers les Armeniens
Ou les Medoys, qui se rendent vaincuz
Ains quemployer leurs lances & escuz
Mais feiz trembler, de main victorieuse
Les plus haultains/cest Rome lorguilleuse
Et ses soubdars que lors ie combatiz
Par mainteffois/& non point des craintifz
Mais des plus fors, feiz vng mortel deluge.
  Et dautre part, Minos(comme bon iuge)
Tu doys preueoir, les ayses Dalexandre
Car des que mort, son pere voulut prendre
A luy par droit, le Royaulme suruint
Et fut receu(des que sur terre vint)
Entre les mains damyable fortune
Qui ne fut oncq, en ses faictz importune
Et sil veult dire, auoir vaincu les Roys
Dare & Pyrhus, par militans arroys
Aussi fut il vaincu en ses delices
De immoderez & desordonnes vices
Car si son pere, ayma bien en son cueur
Du Dieu Bacchus, lamoureuse liqueur
Aussi feit il/Et si bien sen troubloit
Que non pas homme, ains beste resembloit.
  Noccist il pas(estant yure a sa table)
Calisthenes Philosophe notable
Qui reprenoit, par discretes parolles
Les siennes meurs, vicieuses & folles?
Certainement vice si detestable
En moy(peut estre)eust este excusable
Ou quelqun autre, en meurs & disciplines

Le Iugement

Peu introduict: mais les sainctes doctrines
Leues auoit, Daristote, son maistre
Qui pour linstruire, & en vertuz acroistre
Par grant desir, nuyct & iour trauailloit
Et apres luy, trop plus quautre veilloit
Et si plus hault, eslieue sa personne
Dont en son chef, il a porte couronne
Pourtant ne doit homme Duc despriser
Qui a voulu (entre viuans) vser
De sens exquis, & prouesse louable
Plus que du bien de Fortune amyable,

Minos

Certes tes faictz, de tresclere vertu
Sont decorez, en apres, que dys tu
Roy Alexandre?

Alexandre

A homme plain doultrage
Nest de besoing tenir aucun langaige
Et mesmement la riche renommee
De mes haulx faictz, aux astres sublymee
Assez & trop, te peuuent informer
Que par sus moy, ne se doit renommer
Aussi tous ceulx de la vie mortelle
Sont congnoissans, la raison estre telle
Mais neantmoins, pour ce qua maintenir
Los & honneur, ie veulx la main tenir
Saches Minos, iuge plain de prudence
Quen la verdeur de madolescence
Portant en chef, ma couronne inuincible
Au glaiue agu, prins vengeance terrible
(Comme vray filz) de ceulx qui la main mirēt
Dessus mon pere/ & a mort le submirent

De Minos. Fueil. xvij

Et non content, du Royaulme quauoye
Cherchant honneur, mys & gettay en voye
Mes estandars/& a flotte petite
De combatans, par moy fut desconfite
Et mise au bas, en mes premiers assaultz
Thebes cite antique & ses vassaulx.
Puis subiugay, par puissance Royale
Toutes citez, Dachaie & Thessalle
Et decouppay a foyson par les champs
Iriliens, de mes glaiues trenchans
Dont ie rendy toute Grece esbahye.
Par mon pouuoir fut Asie enuahye,
Libye prins, le Phase surmontay.
Bref, tous les lieux ou passay & plantay
Mes estandars (redoubtans ma puissance)
Furent submis a mon obeissance.
 Le puissant Roy Dare congneut a Tharse
Par quel vigueur fut ma puissance esparse
Encontre luy, quant soubz luy cheuaucherent
Cent mil Persoys, & fierement marcherent
Vers moy de front, dessoubz ses estandars
Bien troys cens mil pietons hardys souldars
Que diray plus? quant vint a leschauffer
Le vieil Karon, grant nautonnier denfer
Bien eut affaire a gouuerner sa peaultre
Pour celluy iour passer de riue en autre
Tous les espritz, qua bas ie luy transmy
Des corps humains, qua lespee ie my.
 A celluy iour en la mortelle estorce
Pas nespergnay ma corporelle force
Car aux enfers, quatre vingtz mil espritz
Ienuoyay lors/& si hault cueur ie prins

C j

Le Iugement

Que me lancay, par les flottes mortelles
De ce font foy, mes playes corporelles.
 Et ia ne fault laisser aneantir
Mes grans combatz, executez en Thyr,
Et ne conuient, que le los on me rase
Dauoir passe, le hault mont de Caucase
Vng chascun scait, que y fuz tant employe
Que tout soubz moy, fut rase & ploye
 En Inde feiz, aborder mon charroy
Triumphamment, ou Pyrhus le fier Roy
(A son meschef) de mes bras esprouua
La pesanteur, quant de moy se trouua
Prins & vaincu. Qui plus est, ie marchay
En tant de lieux, qua la fin detranchay
Le dur Rocher, ou Hercules le fort
Pour le passer, en vain mist son effort.
Bref, tout batty & vainquy sans repos
Iusques a tant, que la fiere Atropos
Seule cruelle ennemye aux humains,
Mon pouuoir large, osta hors de mes mains.
 Et sainsi est, que iadis en mainct lieu
Fusse tenu, des mondains pour vng Dieu
Et du party, des dieux immortelz ne
De tel erreur, pardon leur soit donne.
Car la haulteur de mes faictz, & la gloire
Queuz en mon temps, les mouuoit a ce croire,
 Encores plus, Tant fuz fier belliqueur
Que ientreprins & euz vouloir en cueur
De tout le monde embrasser & saisir
Si fiere mort, meust preste le loysir.
 Or ca Minos? ie te supply, demande
A Hannibal (puis quil me vilipende

De Minos, Fueil.xviij.

De doulx plaisirs)si plus il est records
De ses delictz, de Capue/ou son corps
Plus desbrisa, aux amoureux alarmes
Qua soustenir gros boys/haches & armes
Ne fut la mort meschante & furibonde
Quant par despit de viure au mortel monde
Fut homicide, & bourreau de soymesmes
En auallant les ordz venins extresmes?
Et pour monstrer sa meschance infinie
Soit demande, au Roy de Bithynye
(Dit Prusias)vers lequel senfuyt
Sil fut iamais digne de loz & bruyt
Vng chascun scait, quil fut le plus pollu
De tous plaisirs/& le plus dissolu
Et que par fraulde, & ses trahisons fainctes
Il est venu, de son nom aux attaintes.
Plusieurs grans faictz, il feit en maintes terres
Mais qst ce au pris de mes bruictz & tōnerres?
A tous mortelz, le cas est euident
Que si iuge neusse tout Occident
Estre petit, Ainsi que Thessalye
Ieusse pour vray (en vainquant Litalie)
Tout conqueste, sans occision nulle
Iusques au lieu des colomnes Hercule.
Mais (pour certain (ie ny daignay descendre
Car seulement, ce hault nom Alexandre
Les feit mes serfz, redoubtans mes merueilles.
Parquoy Minos, garde que tu ne vueilles
Deuant le mien, son honneur preferer.
Scipion.
Entens aincois, ce que veulx proferer
Iuge Minos?

C. ij

Le Iugement

Minos.
Comment es tu nomme?
Scipion.
Scipion suys Laffrican surnomme
Hōme Romain, de noble experiéce.
Minos.
Or parles doncq, ie te dōne audiéce.
Scipion.
Certes, mon cueur ne veult dire ou penser
Chose pourquoy ie desire exaulcer
La grant haulteur de mes faictz singuliers
Par sus ces deux belliqueux chenaliers.
Car ie neu oncq, de vaine gloire enuie
Mais sil te plaist, Minos entens ma vie.
Tu scais assez, que de mes ieunes ans
Faictz vicieux, me furent desplaisans
Et que vertu, ie voulu tant cherir
Que tout mon cueur mist a lacquerir
Iugeant en moy, science peu valloir
Si dun hault vueil, & par ardent vouloir
Dacquerir bruyt, & renom vertueux
Nest employe, en oeuures fructueux.
Bref, tant ayme vertu, que des enfance
Ie fuz nomme des Romains lesperance
Car quant plusieurs du Senat esbahyz
De craincte & paour, a rendre le pays
Par mainteffois, furent condescendans
Ie/de hault cueur, & assez ieune dans
Sailly en place, ayant le glaiue au poing
Leur remonstrant, que pas nestoit besoing
Que le cler nom, que par peine & vertu
Auions acquis, fust par honte abbatu

De Minos. Fueil.xix.

Et que celluy, mon ennemy seroit
Qui la sentence ainsi prononceroit.
  Lors congnoissans que les diuins augures
Pour suruenir a leurs choses futures
Mauoient donne hardiesse de cueur
En ieunes ans, comme vng fort belliqueur
Fuz esleu chef, de larmee Romaine
Dont sur le champ, de bataille inhumaine
Ie feiz ietter mes bannieres au vent
Et Hannibal pressay tant & souuent
Quauec bon cueur & bien peu de conduicte
Le feis tourner, en trop honteuse fuicte
Tant quen la main de Rome lexcellente
Serue rendy, Cartaige lopulente.
Et touteffois, les Romains consistoires
Apres mes grans & louables victoires
Aussi humain & courtoys mont trouue
Quauant que fusse aux armes esprouue.
  Tous biens mõdains prisay moins que petit
Lamour du peuple estoit mon appetit.
Et dacquerir maintz vertueux offices
A ieune Prince, honnestes & propices.
Et dautrepart, de Cartaige amenay
Maintz prisonniers, lors que ien retournay
Victorieux/desquelz en la presence
Par moy fut prins, le poete Therence
Dont aux Romains, mon faict tant agrea
Quen plain Senat, Censeur on me crea.
Ce faict, Asie & Libye couruz
Degypte & Grece, a force lamour euz
Et quainsi soit, soubz querelle tresiuste
Par plusieursfois, ma puissance robuste

C iiij

Le Iugement

Ont esprouue, puis ie Consul voiant
Le nom Romain, iadis reflamboiant
Lors chanceller, soy ternir & abatre
Pour lesleuer, fuz conquerir & batre
Vne cite, de force & biens nantie
Dicte Numance, es Espaignes bastie.

   Trop long seroit (Minos) lentier desduire
De mes haulrz faictz, quõ verra tousiours luyr
Et dautre part, simple vergongne honneste
Den dire plus, en rien ne madmonneste
Parquoy a toy en laisse lachoison
Qui scaiz ou sont les termes de raison.

   Si taduertiz, quonques malheur en riens
Ne me troubla, ne pour comble de biens
Que me donnast la deesse fatalle
Close ne fut ma main tresliberalle
Bien lont congneu, & assez le prouuerent
Apres ma mort, ceulx qui rien ne trouuerent
En mes tresors, des biens mondains deliures
Fors seulement dargent, quatre vingts liures.

   Des dieux aussi la bonte immortelle
Ma bien voulu douer de grace telle
Que cruaulte & iniustice au bas
Ie degettay, & ne my mes esbas
Aux vanitez, & doulx plaisirs menus
De Cupido, le mol filz de Venus
Dont les deduitz & mondaines enquestes
Nuysantes sont, a louables conquestes.

   Tous lesquelz motz, ie ne dy pour tascher
A leur honneur confondre ou submarcher
Aincois le dy, pour tousiours en prouesse
Du nom Romain, soustenir la haultesse

De Minos. Fueil. xx.
Dont tu en as plus ouy referer
Que nen pourroit, ma langue proferer.

La Sentence de Minos.

CErtainement voz Martiaulx ouuraiges
Sont acheuez de tresardens couraiges
Mais sainsi est, que par vertu doiue estre
Honneur acquis, Raison donne a congnoist
Que Scipion, iadis fuyant delices
Et non saillant, de vertu hors des lices
Dhonneur dessert le tiltre precieux
Deuant vous deux, qui fustes vicieux
Parquoy iugeons, Scipion preceder
Et Alexandre, Hannibal exceder.
Et si de nous la sentence importune
Est a vous deux, demandez a fortune
Se elle na pas tousiours fauorise
A vostre part. Apres soit aduise
Au trop ardant & oultrageux desir
Que eustes iadis, de prendre tout plaisir
A (sans cesser) espandre sang humain
Et ruiner, de fulminante main
Sans nul propos, la fabrique du monde
Sans iuste guerre, en ce vertu nabonde.

Fin du Iugement de Minos.

C iiij

Les tristes vers de Philippes Beroalde, sur
le iour du vẽdredy sainct. Trãslatez de La
tin en Francois. Et se cõmẽcent en Latin,
Venit mœsta dies, redijt lachrimabile tẽp⁹

OR est venu le iour, en dueil tourne
Or est le tẽps plaĩ de pleurs retourne
Or sõt ce iour, les funerailles faictes
De Iesuchrist celebrees & tainctes
D aspre douleur, soient doncq rougissans
Ores noz yeulx, par larmes deulx yssans
Tous estomachz en griefz vices tumbez
Par coups de poing, soiét meurdriz & plõbez
Quiconques ayme/exalte/& qui decore
Le nom de Dieu, & son pouuoir adore
Coeuure son cueur, & sensitif expres
De gros sanglotz, sentresuyuans de pres.

Voicy le iour, lamentable sur terre
Le iour quon doit marquer de noire pierre
Pourtant, plaisirs/amours/ieux & banquetz
Riz/voluptez/broquars/& fins caquetz
Tenez vous loing, & vieigne douleur rude,
Soing/pleurs/souspirs/auec sollicitude.

Cest le iour noir, auquel fault pour poicture
De dueil monstrer, porter noire taincture
Soient doncq vestuz, de couleur noire & brune
Princes/prelatz/& toute gent commune
Vieignent aussi, auec robe de dueil
Ieunes & vieulx/en plorant larmes doeil
Et toute femme, ou lyesse est aperte
De noir habit soit vestue & couuerte
Riuietes/champs, forestz/monts & vallees

Les Tristes vers de Beroalde. Fueil. xxj.

Ce iourduy soient, tristes & desolees
Bestes aussi/priuees & sauuages
En douleur soient, Par fleuues & riuages
Soient gemissans, poissons couuers descaille
Et tous oyseaulx, painctz de diuerse taille
  Les elemens/la terre & mer profonde
Lair & le feu/lune/soleil/& monde,
Le ciel aussi, de haulteur excellente
Et toute chose, a present soit dolente
Car cest le iour, dolent & doloreux
Triste/terny/trop rude & rigoreux
  Maintenant doncq, fault vsurper & prendre
Les larmes dueil, que Heracle sceut espendre
De Xenocrate, ou de Crassus doit on
Auoir la face/ & le front de Cathon
La barbe aussi/longue rude & semblable
A celle la, dun prisonnier coulpable/
Porter ne vueille, homme ou femme qui viue
Robe de pourpre, ou descarlate viue
Ne soit luysant, la chayne a grosse boucle
Dessus le col/ny lardente Escharboucle
Ne vueille aucun, au tour des doys cercler
Verte Esmeraulde/ou dyamant trescler
Sans peigner, soit le poil ou chef tremblant
Et aux cheueulx, soit la barbe semblant
Ne soit la femme, en son cheminer graue
Et deaux de fard, son visage ne laue
Ne soit sa gorge en blancheur decoree
Ne daucun art, sa bouche coloree
Ne soient les chefz des grans dames coiffez
Dornemens fins/de gemmes estoffez
Mais sans porter, brasseletz ne carcans

Les tristes vers

Preignent habitz, signe de dueil marquans
  Car cest le iour, auquel le Redempteur
De toute chose vnique createur
Apres tourmens/labeurs de corps & veines
Mille souffletz, flagellemens & peines
Et lusions, des Iuifz inhumains
Pendit en croix, encloue piedz & mains
Picquant couronne, au digne chef portant
Et damertume, vng breuuage goustant
  O iour funebre/o lamentable mort
O cruaulte, qui la pensee mord
De ceste gent prophane & incredule
O fiere tourbe, emplye de macule
Trop plus subgette a rude felonnye
Que ours de Libye/ou Tygres Dyrcanie
Ne que la salle & cruel domicile
Ou sexercoit, tyrannie en Sicile
Ainsi auez (sacrileges) moille
Voz mains au sang qui ne fut oncq soille
Et icelluy mys a mort par enuie
Qui vous auoit donne lumiere & vie
Manoirs & champs de tous biens plantureux
Puissant empire, & sieges bienheureux
Et qui iadis, en faisant consommer
Pharaon Roy, dedans la rouge mer
En liberte remist sur voz monarches
Tous voz parens, anciens patriarches
O crime/o tache/o monstre/o cruel signe
Dont par tout doibt apparoir la racine
O faulse ligne, extraicte de Iudee
As tu ose, tant estre oultrecuidee
De perdre cil, qui par siecles plusieurs

De Beroalde. Fueil. xxij.

Ta preserue, par dons superieurs
Et ta instruict, en la doctrine exquise
Des sainctes Loix, du prophete Moyse
En apportant, sur le hault des limites
De Sinay les deux tables escriptes
Pour & affin, que obtinses dyadesmes
Ou digne palme, aux regions supresmes
　Las quelz mercyz, tu rends pour vng tel don
O quel ingrat, & contraire guerdon
Et quel peche, se pourroit il trouuer
Semblable au tien? point ne te peulx lauer/
A tous humains, certes est impossible
Den perpetrer, encor vng si horrible
Car beau parler/ny foy ferme & antique
Religion/ne vertu auctentique
Des peres sainctz, nont sceu si hault attaindre
Que ta fureur, ayes voulu refraindre.
　Des vray disans, prophetes les orades
Ne de Iesus, les apparens miracles
De faulx conseil, ne tont sceu reuoquer
Tant tes voulu a durte prouoquer
O gent sans cueur, gent de faulse nature
Gent aueuglee, en ta perte future
En meurtrissant, par peines & foiblesses
Vng si grant Roy/de ton cousteau te blesses
Et quainsi soit, a present tu en souffres
Cruelle gehaine, en feu/flammes/& souffres/
Si qua iamais, ton tourment merite
Voys & verras: & ta posterite
Si elle adhere a ta faulte importune
Se sentira, de semblable fortune
Car il nya que luy qui sceust purger

Les tristes vers

Le trop cruel, & horrible danger
De mort seconde, & sans luy nauront grace
Voz filz viuans, naucune humaine race
 Aucun Iuif, pour tel faulte ancienne
Na siege, champ, ny maison qui soit sienne
Et tout ainsi, que la forte tourmente
En pleine mer, la nasselle tourmente
Laqlle estant, sans mast, sans voylle & maistre
De tous les ventz, a dextre & a senestre
Est agittee, ainsi estes Iuifz
De tous costez dechassez & fuyz
Viuans tousiours, soubz tributaire reigle
 Et tout ainsi, que le Cigne hayt Laigle
Le chien le loup, hannuyer le Francoys
Ainsi chascun, quelque part que tu soys
Hayt & harra, ta faulse progenie
Pour linhumaine & dure tyrannie
Que feis a cil, qui tant de biens toffrit
Quant paradis, & les enfers touurit
 O doulce mort, par salut manifeste
Tu nous repays, de viande celeste
Par toy fuyons, le regne Plutonique
Par toy gyst bas, le serpent draconnique
Car le iour vient, agreable sur terre
Le iour quon doit/noter de blanche pierre
Le iour heureux, en troys iours suruiendra
Que Iesuschrist, des enfers reuiendra
Parquoy pecheur, dont lame est deliuree
Qui ce Iourduy, portes noire liuree
Ressouys toy/prens plaisir pour douleur
pour noir habit, Rouge & viue couleur
Pour pleurs, motetz/de lyesse assignee

Car cest le iour, dheureuse destinee
Qui a Satan, prepare affliction
Et aux mortelz, seure saluation.

　Doncq congnoissant, le bien de mort amere
Doulx Iesuchrist, ne du vierge mere
Sil est ainsi, que ton pouuoir honnore
Sil est ainsi, que de bon cueur tadore
Sil est ainsi, que iensuyue ta loy
Sil est ainsi, que ie viue en ta foy
Et comme croy, ques aux cieulx triumphant
Secour (helas) vng chascun tien enfant
Si quen viuant, soit en sante la vie
Et en mourant, aux cieulx lame rauie
　　　　　Amen

Fin des tristes vers de Beroalde.

Oraison contemplatiue deuant le Crucifix. mise de Latin en Francoys, Et se commence. Ah Christe fari nescio.

Las ie ne puis, ne parler ne crier
Doulx Iesuschrist, plaise toy deslier
Lestroict lyen, de ma langue perie
Comme iadis feis au viel Zacharie
   La quantite de mes vieulx pechez, bousche
Mortellement ma pecheresse bouche
Puis lennemy des humains, en pechant
Est de ma voix, les conduictz empeschant
Si que ne puis pousser dehors le crime
Qui en mon cueur (par ma faulte) se imprime.
   Quant le loup veult (sans le sceu du berger)
Rauir laigneau, & fuyr sans danger
De paeur du cry, le gosier il luy couppe
Ainsi quant suis au remors de ma coulpe
Le faulx Sathan, faict mon parler refraindre
Affin qua toy, ie ne me puisse plaindre
Affin mon Dieu/qua mes maulx & perilz
Ne inuoque toy, ne tes sainctz esperitz
Et que ma langue, a mal dire aprestee
Laquelle mas, pour confesser prestee
Taise du tout, mon meffaict inhumain
Disant tousiours, attendz iusque a demain
Ainsi sans cesse, a mal va incitant
Par nouueaux arts, mon cueur peu resistant
   O mon saulueur, trop ma veue est troublee
Et de te veoir, iay pitie redoublee
Rememorant celle benignite
Qui te feist prendre, habit dhumanite

Oraison au Crucifix. Fueil. xxiiij.

Veoyant aussi, de mon temps la grand perte
Ma conscience, a sa puissance ouuerte
Pour stimuler, & poindre ma pensee
De ce que iay, ta haultesse offensee
Et dont par trop, en paresse te sers
Mal recordant, que tamour ne desfers
Trop mal piteux, quant voy souffrir mõ pche
Et a gemir, plus dur que fer ne roche
 Doncq o seul Dieu, qui to9 noz biés accroys
Descens (helas) de ceste haulte croix
Iusques au bas, de ce tien sacre temple
A celle fin que myeulx ie te contemple
Pas nest si longue, icelle voye / comme
Quant descendiz, du ciel pour te faire homme
Si te supply de me prester la grace
Que tes genoulx, daffection iembrasse
Et que ie soys de baiser aduoue
Ce diuin pied, qui sur lautre est cloue
 En plus hault lieu, te toucher ne mencline
Car du plus bas, ie me sens trop indigne
Mais si par foy, suis digne que me voyes
Et que a mon cas, par ta bonte pouruoyes
Sans me chasser, comme non legitime
De si hault bien, trop heureux ie mestime
 Et sainsi est, que pour soy arrouser
De larmes doeil, on te puisse appaiser
Ie vueil quen pleurs, tout fondãt on me treuue
Soit le myen chef, desmaintenant vng fleuue
Soiét mes deux bras, ruisseaux ou eau sespãde
Et ma poictrine, vne mer haulte & grande
Mes iambes soient torrens qui courent royde
Et mes deux yeulx, deux fõtaines deau froyde

Oraison

Pour myeulx lauer, la coulpe de moymesmes,
   Et si de pleurs, & de sanglotz extresmes
Cure tu nas, desirant quon te serue
A genoulx secs, des or ie me reserue
Et suys tout prest, pour plus briefue responce
Destre plus sec, que la pierre de ponce
   Et dautrepart, si humbles oraisons
Tu aymes myeulx, las par viues raisons
Fay que ma voix, soit plus repercussiue
Que celle la / D echo qui semble viue
Respondre aux gens, & aux bestes farouches
Et que mon corps, soit tout fendu en bouches
Pour myeulx a plain, & en plus de manieres
Te rendre grace, & chanter mes prieres.
   Bref / moyen nest, qui appaiser te face
Que ie ne cherche: affin dauoir ta grace
Mais tant ya, que si le myen tourment
Au gre de toy nest assez vehement
Certes mon Dieu, tout ce quil te plaira
Ie souffriray, comme cil qui sera
Le tien subgect, car rien ne vueil souffrir
Que comme tien, qui viens a toy me offrir
Et a qui seul, est mon ame subiette.
   Mon prier doncq, ennuyeux ne deiette
Puis que iadis vne femme ennuyante
Ne deiettas, qui tant fut suppliante
Et en ses dictz, si fort te importuna
Que a son desir ta bonte ramena
Pour luy oster, de ses pechez le nombre
Qui tant faisoient, a sa vie dencombre.
   Lestroicte loy, que tu as prononcee
Espouenter pourroit bien ma pensee

Au Crucifix. Fueil.xxv.

Mais ie prens cueur en ta doulceur immense
A qui ta loy donne lieu par clemence
Et quoy que iaye enuers toy tant meffaict
Que si aucun men auoit autant faict
Ie ne croy pas, que pardon luy en feisse.
De toy (pourtant) ie attends salut propice
Bien congnoissant que ta benignité
Trop plus grande est que mon iniquite.
 Tu sauoys bien, que pecher ie deuoye
Mas tu doncq faict, pour denfer tenir voye?
Non/mais affin quon congneust au remede
Que ta pitie, toute rigueur excede.
 Veulx tu souffrir, quen ma pensee ague
De droitz & loix, encontre toy iargue,
 Qui daucun mal, donne loccasion
Luy mesmes faict mal & abusion.
 Ce nonobstant, tu as cree les femmes
Et nous deffens damours suyure les flammes
Si lon ne prend marital sacrement
Auec lamour dune tant seulement
Certes plus doulx tu es aux bestes toutes
Quāt soubz telz loix ne les cōtraictz & boutes
 Pourquoy as tu produict pour vieil & ieune
Tāt de grās biens, puys q̄ tu veulx quō ieusne,
Et dequoy sert, pain & vin & fruictage
Si tu ne veulx quon en vse en toute aige
 Veu que tu fais, terre fertile & grasse
Certainement tel grace nest point grace
Ne celluy don, nest don daucune chose
Mais pluftost damp (si ce mot dire iose)
Et ressemblons, parmy les biens du monde
A Tantalus, qui meurt de soif en londe.
       D j

Et dautre part, si aucun est venuste
Prudent & beau, gorgias & robuste
Plus que nul autre, est ce pas bien raison
Quil en soit fier, puis quil a lachoison?
 Tu nous as faict les nuyctz lõgues & grãdes
Et touteffois a veiller nous commandes.
Tu ne veulx pas que negligence on hante,
Et si as faict maincte chose attrayante
Le cueur des gens a oysiue paresse.
 Las quay ie dit, quelle fureur me presse?
Pers ie le sens? helas mon Dieu reffrain
Par ta bonte, de ma bouche le frain
Le desuoye, vueilles remettre en voye
Et mon iniure au loing de moy renuoye
Car tant sont vains, mes argumens obliques
Quil ne leur fault responce ne repliques.
 Tu veulx que aucuns en pouurete mandient
Mais cest affin, quen sexcusant ne dient
Que la richesse, a mal les a induictz
Et a plusieurs, les grans tresors produys
A celle fin que de dire nayent garde
Que pouurete, de bien faire les garde.
Tel est ton droit, voire/ & si croy que pour ce
Tu feis Iudas, gouuerneur de ta bourse.
Et au regard du faulx Riche inhumain,
Les biens liuras, en son ingrate main
A celle fin quil neust faulte de rien,
Quant il vouldroit vser de mal ou bien.
 Mais (o Iesus) Roy doulx & amyable
Dieu tresclement, & iuge pitoyable
Fays quen mes ans, ta haultesse me donne
Pour te seruir, saine pensee & bonne

Au Crucifix.

Ne faire rien qu'a ton honneur & gloire
Tes mandemens/ouyr/garder/& croire
Auec souspirs/regrect/& repentence
De tauoir faict, par tant de fois offense
  Puis quant la vie a mort donnera lieu,
Las tire moy, mon redempteur & Dieu
La hault ou ioye indicible sentit
Celluy larron, qui tard se repentit
Pour & affin/quen laissant tout moleste,
Ie soys remply de lyesse celeste.
Et que tamour, dedans mon cueur ancree
(Qui ma cree) pres de toy me recree.

Fin de Loraison au Crucifix.

D ij

Epistres. Et premierement.

Lespitre de Maguelonne a son amy Pierre de
Prouence, elle estant a son Hospital.

Suscription de Lespitre.

Messaiger de Venus/ prens ta haulte vollee,
Cherche le seul amant de ceste desolee
Et quelque part quil rie/ou gemisse a present
De ce piteux escript, faiz luy vng doulx p̄sent.

LA plus dolente & malheureuse femme
Qui oncq entra en lamoureuse flame
De Cupido/mect ceste Epistre en voye
Et par icelle (amy) salut tenuoye
Bien congnoissant, que despite fortune
Et non pas toy, a present me infortune
Car si tristesse amye de regrect
Ma faict getter, maint gros souspir aigret
Certes ie scay, que dennuy les alarmes
Tont fait iecter maintesfois maintes larmes,
O noble cueur, que ie voulu choisir
Pour mon amant/ce nest pas le plaisir
Queusmes alors, quen la maison royalle
Du Roy mon pere, a tamye loyalle
Parlementas, delle tout vis a vis
Si te promectz, que bien mestoit aduis
Que tout le bien du monde & le deduyt
Nestoit que dueil, pres du gratieux fruict

Epistre de Maguelõne Fueil. xxvij.

Dun des baisiers que de toy ie receuz
Mais noz espritz, par trop furent deceuz
Quant tout soubdain la fatalle deesse
En dueil mua, nostre grande lyesse
Qui dura moins, que celle de Dido
Car tost apres que lenfant Cupido
Meust faict laisser, mon pere puissant Roy
Vinsmes entrer seuletz en desarroy
En vng grant boys, ou tu me descēdis
Et ton manteau, dessus lherbe estēdis
En me disant, mamye Maguelonne
Reposons no⁹ sur lherbe qui fleurõne
Et escoutons, du Rossignol le chant/
Ainsi fut faict/ Adonc en arrachant
Fleurs & boutõs d beaulte tresinsigne
(Pour te monstrer, de vraye Amour le signe)
Ie les gettoys, de toy a lenuiron
Puis deuisant, massis sur ton gyron
Mais en comptant, ce quauions en pensee
Sommeil me print, car iestoys bien lassee
Finablement, mendormy pres de toy
Dont contemplas quelque beaulte en moy
Et te sentant en ta liberte franche
Tu descouuris ma poictrine assez blanche
Dont de mon sein, les deux pommes pareilles
Veis a ton gre, & tes leures vermeilles
Baiserent lors, les miennes a desir.
　Sans vilanie, en moy prins ton plaisir
Plus que rauy/ voiant ta doulce amye
Entre tes bras, doulcement endormie.
Car tes beaulx yeulx ne sen pouoient saouler
Et si disois (pour plus te consoler)

D iiij

Epistre

Semblables motz, en gemissant alaine.
　O beau Paris, ie ne croy pas que Helaine
Que tu rauis, par Venus dedans Grece
Eust de beaulte, autant que ma maistresse
Si on le dit, certes ce sont abus.
　Disant ces motz, tu vys bien que Phebus
Du hasle noir, rendoit ma couleur taincte
Dont te leuas, & couppas branche maincte
De vert Laurier/Cipres/Cedre ou ramee
Dont il sortoit vne odeur embasmee
Et tout autour de moy, la vins estendre
Pour preseruer ma chair ieunette & tendre.
Helas amy, tu ne sauois que faire
A me traicter/obeir/& complaire,
Comme celluy duquel iauois le cueur.
Mais ce pendant, o gentil belliqueur
Ie dormoys fort, & fortune veilloit
Pour nostre mal, las elle trauailloit
Car quant ie fuz de mon repos lassee
En te cuydant donner vne embrassee,
Pour mon las cueur grandement consoler
En lieu de toy, las ie vins accoller
De mes deux bras, la flairante ramee
Qu'autour de moy, auoys mise & semee
En te disant, mon gracieux amy
Ay ie point trop, a vostre gre dormy?
N'est il pas temps, que dicy ie me lieue?
　Ce proferant, vng peu ie me sublieue
Ie cherche & cours, ie reuiens & puis voys
Au tour de moy, ie ne vy que les boys
Dont mainteffois i appellay Pierre/Pierre.
As tu le cueur endurcy plus que pierre

De Maguelonne. Fueil.xxviij.

De me laisser,en cestuy boys absconse?
　Quant de nully neuz aucune responfe
Et que ta voix point ne me reconforte,
A terre cheuz,comme transie ou morte.
Et quant apres mes langoureux espritz
De leur vigueur furent vng peu surpris
Semblables motz,ie dys de cueur & bouche.
　Helas amy,de prouesse la souche
Ou es alle? Es tu hors de ton sens
De me liurer la douleur que ie sens
En ce boys plain de bestes inhumaines?
Mas tu oste les plaisances mondaines
Que ie prenoys,en la maison mon pere,
Pour me laisser en ce cruel repaire?
Las quas tu faict,de ten partir ainsi?
Penses tu bien que puisse viure icy?
Que tay ie faict,O cueur lasche & immunde?
Se tu estoys le plus noble du monde,
Ce vilain tour si rudement te blesse
Quoster te peut le tiltre de noblesse.
　O cueur remply,de fallace & fainctise,
O cueur plus dur que nest la roche bise
O cueur plus faulx,quonques nasquit de mere
Mais respons moy a ma complaincte amere
Me promis tu en ma chambre paree,
Quant te promis suyure iour & seree
De me laisser en ce boys en dormant?
Certes tu es le plus cruel amant,
Qui oncques fut,dainsi mauoir frauldee.
Ne suys ie pas la seconde Medee?
Certes ouy,& a bonne raison
Dire te puis,estre lautre Iason.
　　　　　　　　D iiij

Epistre de Maguelonne

Disant ces motz, dun anime courage
Te voys querant, comme plaine de rage
Parmy le boys, sans doubter nulz trauaulx
Et sur ce poinct, rencontray noz cheuaulx
Encor lyez, paissans lherbe nouuelle
Dont ma douleur renforce & renouuelle
Car bien congneu, que de ta voulente
Dauecques moy ne testoys absente
Si commencay, comme de douleur taincte
Plus que deuant, faire telle complaincte.

Or voy ie bien (amy) & bien appert
Que malgre toy, en cestuy boys desert
Suis demouree. O fortune indecente
Ce nest pas or, ne de lheure presente
Que tu te prens, a ceulx de haulte touche
Et aux loyaulx, quel rancune te touche
Es tu de dueil, agrauee & poluë
Dont nostre amour, na este dissolue?

O cher amy, O cueur doulx & begnin
Que nay ie prins, de Clotho le venin
Auecques toy? vouloys tu que ma mort
Touchee fust de plus aspre remord?
Ie te prometz quonques a creature
Il ne suruint si piteuse auenture
Et a grant tort, te nommay par blason
Le desloyal, qui conquist la toison
Pardonne moy, certes ie men repens.

O fiers lyons, & venimeux serpens
Crapaulx enflez, & toutes autres bestes
Courez vers moy, & soyez toutes prestes
De deuorer ma ieune & tendre chair
Que mon amy, na pas voulu toucher

De Maguelone. Fueil.xxix.

Qu auec honneur, ainsi morne demeure
Par trop crier, & plus noire que meure
Sentãt mõ cueur, plus froid q̃ glace ou marbre
Et de ce pas, monte dessus vng arbre
A grant labeur, lors ma veue sespart
En la forest: mais en chascune part
Ie nentendy, que les voix treshydeuses
Et hurlemens, des bestes dangereuses
  De tous costez, regardoys pour sauoir
Si le tien corps, pourroie apperceuoir
Mais ie ne vy, que celluy boys sauuage
La mer profonde, & perilleux riuage
qui durement, fist mon mal empirer
  La demouray (non pas sans souppirer)
Toute la nuyct/o vierge treshaultaine
Raison y eut, car ie suis trescertaine
Quonques Thysbe, qui a la mort se offrit
Pour Piramus, tant de mal ne souffrit
  En euitant, que les loups dauenture
De mon corps tien, ne feissent leur pasture
Toute la nuyct, ie passay sans dormir
Sur ce grant arbre, ou ne feis que gemir
Et au matin, que la clere aurora
Par les climatz, esclercy le iour a
Me descendy/triste/morne & pallie
Et noz cheuaulx, en plourant ie deslie
En leur disant, Ainsi comme ie pense
Que vostre maistre, au loing de ma presence
Sen va errant, par le monde en esmoy
Cest bien raison, que (comme luy & moy)
Alliez seuletz, par boys plaine & champaigne
  Adoncq rencontre, vne haulte montaigne

Epistre

Et de ce lieu, les pelerins errans
Ie pouuoys veoir, qui tiroient sur les rengs
Du grant chemin, de Rome, saincte & digne
Lors deuant moy, vei vne pelerine
A qui donnay, mon Royal vestement
Pour le sien pouure, & des lors promptement
La tienne amour, si me incita grant erre
A te chercher, en haulte Mer & Terre
Ou maintesfoys de ton nom men queroye
Et Dieu tout bon, souuent ie requeroye
Que de par toy, ie fusse rencontree
 Tant cheminay, que vins en la contré
De Lombardie, en soucy tresamer
Et de ce lieu, me gettay sur la mer
O le bon vent, si bien la nef auance
Quelle aborda, au pays de Prouuence
Ou mainte gent, en allant me racompte
De ton depart/& que ton pere, Conte
De ce pays, durement sen contriste.
Ta noble mere, en a le cueur si triste
Quen desespoir, len conuiendra mourir
 Penses tu point donques nous secourir
Veulx tu laisser, ceste pouure loyale
Nee de sang, & semence Royale
En ceste simple & miserable vie
Laquelle encor de ton amour rauie
En attendant de toy aucun rapport
Vng hospital, a basty sur vng port
Dit de sainct Pierre, en bonne souuenance
De ton hault nom:& la prend sa plaisance
A gouuerner, a lhonneur du hault Dieu
Pouures errans, malades en ce lieu

De Maguelonne. Fueil.xxx.

Ou iay basty, ces myens tristes escriptz
En amertume, en pleurs, larmes, & cryz
Comme peulx veoir, quilz son faictz & tyssus
Et si bien voys la main dont sont yssus
Ingrat seras, si en cest hospital
Celle qui ta donne son cueur total
Tu ne viens veoir, car virginite pure
Te gardera, sans aucune rompure,
Et de mon corps, seras seul ioyssant
Mais sainsi nest, mon eage florissant
Consummeray, sans ioye singuliere
En pouurete, comme vne hospitaliere.

Donques (amy) viés moy veoir de ta grace
Car tiens toy seur, quen ceste poure place
Ie me tiendray, attendant des nouuelles
De toy qui tant, mes regretz renouuelles

Rondeau, duquel les lettres Capitales portent le nom de Lautheur.

Comme Dido, qui moult se courrouca
Lors Queneas seule la delaissa
En son pays, tout ainsi Maguelōne
Mena son dueil, & comme saincte & bonne
En lhospital, toute sa fleur passa

Nulle fortune, oncques ne la blessa
Toute constance, en son cueur amassa
Myeulx esperant, & ne fut point felonne
          Comme Dido

Aussi celluy, qui toute puissance a
Renuoya cil, qui au boys la laissa
Ou elle estoit, mais quoy quon en blasonne
Tant eut de dueil, que le monde sestonne
 Que dun cousteau, son cueur ne transpersa,
  Comme Dido.

Lespitre du despourueu a ma dame la Duchesse Dalencon & de Berry/ seur vnique du Roy.

I iay empris, en ma simple ieunesse
De vo9 escrire, o treshaulte princesse
Ie vous supply, que par doulceur humaine
Me pardonnez, car bon vouloir qui meine
Le myen desir, me donna esperance
Que vostre noble & digne preference
Regarderoyt par vng sens tresillustre
Que petit feu, ne peut getter grand lustre
 Autre raison, qui me induict & inspire
A plus en plus, le myen cas vous escrire
Cest qune nuict, tenebreuse & obscure
Me fut aduis, que le grant Dieu Mercure
Chef deloquence, en partant des haulx cieulx
Sen vint en terre, apparoistre a mes yeulx
Tenant en main, sa verge & caducee
De deux serpens, par ordre entrelassee
Et quant il eut sa face celestine
(Qui des humains, la memoire illumine)
Tournee a moy, contenance ne geste

Ne peu tenir, veoyant ce corps celeste
Qui dune amour, entremeslee de ire
Me commanca semblables motz a dire

Mercure, en forme de Rondeau.

Mille douleurs, te feront souspirer
Si en mon art, tu ne veulx inspirer
Le tien esprit, par cure diligente
Car bien peu sert, la Rethorique gente
Si bien & loz, on nen veult attirer

Et se autrement, tu ny veulx aspirer
Certes amy pour ton dueil empirer
Tu souffriras des foys plus de cinquante
   Mille douleurs.

Doncq si tu quiers/ au grant chemin tirer
Dhonneur & bien vueilles toy retirer
Vers Dalencon, la Duchesse excellente
Et de tes faictz (telz quil sont) luy presente
Car elle peut te garder dendurer
   Mille douleurs.

Lautheur

Apres ces motz, ses aelles esbranla
Et vers les cours celestes sen alla
Ce puissant Dieu, mais a peine fut il
Monte au ciel, par son voller subtil
Que dedans moy (ainsi quil me sembla)
Tout le plaisir du monde sassembla
Les bons propos, les raisons singulieres

Ie voys cherchant les belles matieres
A celle fin de faire oeuure duysante
Pour dame, tant en vertuz reluysante/
Que diray plus? Certes les myens espritz
Furent des lors (comme de ioye espris
Bien disposez/dune veine subtile
De vous escripre, en vng souuerain stile
Mais tout soubdain, dame tres vertueuse
Vers moy sen vint, vne vielle hideuse
Meigre de corps, & de face blesmye
Qui se disoit, de fortune ennemye
Le cueur auoit plus froit que glace ou marbre
De corps tremblāt, comme la fueille en larbre
Les yeulx baissez, comme de paour estrainĉte
Et sappelloit par son propre nom Crainte
Laquelle lors dun vouloir inhumain
Me feit saillir, la plume hors la main
Que sur papier, lors ie voulois coucher
Pour au labeur mes espritz empescher
Et tous ces motz, de me dire print cure
Mal consonans, a ceulx du Dieu Mercure.

  Crainte parlant en forme de Rondeau.

TRop hardyment entreprens & meffaiĉtz
 O toy tant ieune, oses tu bien tes faiĉtz
Si mal bastiz, presenter deuant celle
Qui de sauoir, toutes autres precelle
Mal peut aller, qui charge trop grant fays

Tous tes labeurs, ne sont que contrefaiĉtz
Au pres de ceulx des oraters parfaiĉtz

Qui craignent bien, de sadresser a elle

Trop hardiment

Si ton sens foible, aduisoit les forfaictz
Aisez a faire, en tes simples effectz
Tu diroys bien, que petite nasselle
Trop plus souuent, que la grande chancelle
Et pour autant, regarde que tu faiz

Trop hardyment

Ces motz finiz, demeure mon semblant
Triste/transi/tout terny/tout tremblant
Sombre, songeant, sans seure soustenance
Dur desperit, desnue desperance
Melencolicq/morne/marry/musant
Pale, perplex, paoureux, pensif, pesant,
Foible, failly, foule, fasche, forcluz,
Confuz, cource, croyre/crainte, concluz,
Bien congnoissant, que verite disoit
De celle la, que tant elle prisoit,
Dont ie perds cueur, & audace me laisse
Crainte me tient, doubte me meine en lesse
Plus dur deuient le myen esprit quenclume
Si ruy ius, encre, papier, & plume,
Voyre & defaict, proposois de non tistre
Iamais pour vous, Rondeau, Lay, ou Epistre,
Si neust este, que sur ceste entreprise
Vint arriuer (a tout sa barbe grise)
Vng bon viellard, portant chere ioyeuse
Confortatif, de parolle amoureuse

Bien reſſemblant,hommé de grant renom
Et ſappelloit,Bon eſpoir par ſon nom
Lequel veoyant,ceſte femme tremblante
Autre que humaine(a la veoir)reſſemblante
Vouloir ainſi mon malheur pourchaſſer
Fort rudement ſefforce a la chaſſer
En me incitant,dauoir hardy courage
De beſongner/& faire a ce coup rage
Puis Folle crainte amye de ſoucy
Irrita fort,en leſcryant ainſi

  Bon eſpoir,parlant en forme de Ballade.

VA ten ailleurs,faulſe vieille dolente
 Grande ennemye,a fortune & bon heur
Sans foruoyer,par ta parolle lente
Ce pouure humain,hors la voye dhonneur
Et toy amy,croy moy,car guerdonneur
Ie te ſeray,ſi craintif ne te ſens
Croy doncq Mercure,employe tes cinq ſens
Cueur & eſprit,& fantaſie toute
A compoſer nouueaulx motz & recens
En dechaſſant crainte/ſoucy & doubte

Car celle la,vers qui tu as entente
De tadreſſer/eſt pleine de liqueur
Dhumilité,ceſte vertu patente
De qui iamais vice ne fut vainqueur
Et oultre plus,ceſt la dame de cueur
Mieulx excuſant,les eſperitz & ſens
Des orateurs,tant ſoient ilz innocens
Et qui plus toſt leurs miſeres deboute

Si te supply, a mon vueil condescens
En dechassant crainte soucy & doubte.

  Est il possible, en vertu excellente
Qung corps tout seul puisse estre possesseur
Des troys beaulx dons, de Iuno lopulente
Pallas, Venuz, ouy, car ie suis seur
Quelle a prudence, auoir, beaulte, doulceur,
Et des vertuz, encor plus de cinq cens
Parquoy amy, si tes dictz sont decens
Tu congnoistras (& de ce ne te doubte)
A quel honneur viennent adolescens
En dechassant/crainte/soucy/& doubte.
          Enuoy
Homme craintif, tenant rentes & cens
Des Muses/croy/si iamais tu descens
Au lac de paeur, qui hors despoir te boute
Mal ten yra/pource a moy te consens
En dechassant/crainte/soucy, & doubte.

          Le despourueu.
En ce propos, grandement trauaillay
Iusques a tant quen sursault mesueillay
Vng peu deuant, que aurora la fourriere
Du cler Phebus, commanceast mettre arriere
Lobscurite nocturne sans seiour
Pour esclarcir, la belle aulbe du iour.
  Si me souuint, tout acoup de mon songe
Dont la pluspart, nest fable ne mensonge
A tout le moins, pas ne fut mensonger
Le bon espoir, qui vint a mon songer
Car verite feit, en luy apparoistre

                              E j

Epistres

Par les vertus quen vous il disoit estre
　Or ay ie faict, au vueil du Dieu Mercure
Or ay ie prins la hardiesse & cure
De vous escrire, a mon petit pouoir
Me confiant, aux parolles despoir
Le bon vieillard, vray confort des craintifz
A droit nomme, repaisseur des chetifz
Car repeu ma/tousiours soubz bonne entente
En la forest nommee longue attente
Voyre & encor de my tenir sattend
Si vostre grace enuers moy ne sestend
Parquoy conuient, quen esperant ie viue
Et quen viuant, tristesse me poursuyue
Ainsi ie suis poursuyt & poursuyuant
Destre le moindre & plus petit seruant
De vostre hostel (magnanime princesse)
Ayant espoir, que la vostre noblesse
Me receura, non pour aucune chose
Qui soit en moy (pour vous seruir) enclose
Non pour prier, requeste ou rhetorique
Mais pour lamour de vostre frere vnique
Roy des Francoys, qui a lheure presente
Vers vous menuoye, & a vous me presente
De par Pothon gentil homme honnorable
　En me prenant, Princesse venerable
Dire pourray, que la nef oportune
Aura tire de la mer dinfortune
Maulgre les vents, iusque en lisle dhonneur
Le Pellerin, exempte de bon heur
Et si auray par vng ardant desir
Cueur & raison de prendre tout plaisir
A esueiller, mes esperitz indignes

De vous seruir, pour faire oeuures condignes
Telz quil plaira, a vous treshaulte dame
Les commander: priant de cueur & dame
Dieu tout puissant, de tous humains le pere
Vous maintenir en fortune prospere
Et dans cent ans, prendre lame a mercy
Partant du corps sans douleur ne soucy

Lepistre du Camp Dattigny, A maditte dame Dalencon.

Suscription.

LEttre mal faicte & mal escripte
Volle de par cest escriuant
Vers la plus noble Marguerite
Qui soit point au monde viuant

Epistre

LA main tremblant, dessus la blanche carte
Me voy souuent, la plume loing sescarte
Lencre blanchist, & lesperit prent cesse
Quant ientreprens (tresillustre princesse)
Vous faire escriptz, & neusse prins laudace
Mais bon vouloir, que toute paeur efface
Ma dit, Crains tu a escripre soubdain
Vers celle la, qui oncques en desdain
Ne print tes faictz, ainsi a lestourdy
Me suis monstre (peut estre) trop hardy
Bien congnoissant, neantmoins que la faulte
Ne vient sinon dentreprise trop haulte

Mais ie mattens,que soubz vostre recueil
Sera congneu,le zele de mon vueil.
   Or est ainsi,princesse magnanime
Quen hault honneur & triumphe sublime
Est florissant,en ce camp ou nous sommes
Le conquerant des cueurs des gentilz hõmes
Cest,monseigneur/pour sa vertu loyale
Esleu en chef,de larmee Royale
Ou lon a veu,de guerre maintz esbatz
Aduenturiers,esmouuoir gros combatz
Pour leur plaisir,sur petites querelles
Glaiue tirer & briser allumelles
Sentrenaurans,de facon fort estrange
Car le cueur ont si treshault qué la fange
Plustost mourront,que fuyr a la lice
Mais,monseigneur,en y mettant pollice
A deffendu de ne tirer espee
Si on ne veult auoir la main couppee.
   Ainsi pietons,nosent plus desgayner
Dont sont contrainctz,au poil sentretrayner
Car sans combatre,ilz languissent en vie
Et croy(tout seur)quilz ont trop plus déuye
Daller mourir en guerre honnestement
Que demourer chez eulx oysiuement.
   Ne pensez pas,dame ou tout bien abonde
Quõ puisse veoir,plus beaulx hõmes au mõde
Car(a vray dire)il semble que nature
Leur ayt donne corpulance & facture
Ainsi puissante,auec le cueur de mesmes
Pour conquerir sceptres & dyadesmes
En mer/a pied,sur coursiers ou genetz
   Et ne desplaise,a tous noz lansquenetz

Qui ont le bruyt de tenir aucun ordre
Mais a ceulx cy, na point tant a remordre
  Et qui dentreulx, lhonnestete demande
Voyse orendroit, veoir de Mouy la bende
Daduenturiers, yssuz de nobles gens
Nobles sont ilz/pompeux/& diligens,
Car chascũ iour au camp soubz leur enseigne
Font exercice/& lung a lautre enseigne
A tenir ordre, & manyer la pique
Ou le verdun: sans prendre noyse ou picque
  De lautre part, soubz ses fiers estandars
Meine Boucal, mille puissans souldars
Qui ayment plus debatz & grosses guerres
Qung laboureur, bonne paix en ses terres
Et que ainsi soit, quant rudement se batent
A duis leur est, proprement, quilz sesbatent
Dautre coste, voyt on le plus souuent
Lorges getter, ses enseignes au vent
Pour ses pietons faire vsiter aux armes
Lors que viendront, les perilleux vacarmes
Grans hommes sont en ordre & triumphans
Ieunes, hardyz, roides comme elephans
Fort bien armez, corps/testes, bras/& gorges,
Aussi dit on, les hallecretz de Lorges
Puis, de Mouy, les nobles & gentilz
Et de Boucal, les hommes peu craintifz
Brief, Hercules, Montmoreau, & Dasnieres
Ne font pas moins triumpher leurs bānieres
Si que deca, on ne sauroit trouuer
Homme qui nayt desir de sesprouuer
Pour acquerir, par hault oeuure bellique
Lamour du Roy, le vostre frere vnique

Epistres

Et par ainsi,en bataille ou assault
Ny aura cil,qui ne preigne cueur hault
Car la pluspart,si hardyment yra
Que tout le reste,au choc senhardira
 De iour en iour,vne campaigne verte
Voyt on icy de gens toute couuerte
La pique au poing les tranchantes espees
Ceinctes a droit/chausseures decouppees
Plumes au vent,& haulx fiffres sonner
Sur gros tabours,qui font lair resonner
Au son desquelz,dune fiere facon
Marchent en ordre,& font le lymacon
Comme en bataille:affin de ne faillir
Quant leur fauldra,deffendre ou assaillir
Tousiours cryans,les ennemyz sont nostres
Et en tel poinct,sont les six mil apostres
Deliberez,soubz lespee sainct Pol,
Sans quaucun deulx,se mostre lasche ou mol.
 Souuentesfois par deuant la maison
De monseigneur,viennent a grand foison
Donner laubade,a coups de hacquebutes
Dung autre accord,quespinettes ou flustes
 Apres oyt on,sur icelle prarie
Par grant horreur,bruyre lartillerie
Comme canons doubles & racoursiz
Chargez de pouldre/& gros boulletz massifz
Faisant tel bruyt,quil semble que la terre
Contre le ciel/vueille faire la guerre.
 Voyla comment(dame tresrenommee)
Triumphamment,est conduicte larmee
Trop mieulx aymãt combatre a dure oultrãce
Que retourner(sans coup ferir)en France

De monseigneur, qui escrire en vouldroit
Plus cler esprit, que le myen y fauldroit
Puis ie sens bien, ma plume trop rurale
Pour exalter sa maison liberale
Qui a chascun est ouuerte & patente
Son cueur tant bon, gentilz hommes cõtente
Son bon vouloir, gens de guerre entretient
Sa grant vertu, bonne iustice tient
Et sa iustice, en guerre la paix faict
Tant que chascun va disant (en effect)
Voicy celluy, tant liberal & large
Qui bien merite, auoir Royale charge
Cest celluy la, qui tousiours en ses mains
Tient & tiendra, lamour de tous humains
Car puis le temps de Cesar dict Auguste
On na point veu, Prince au monde plus iuste
Tel est le bruyt qui de luy court sans cesse
Entre le peuple, & ceulx de la noblesse
Qui chascun iour, honneur faire luy viennent
Dedans sa chãbre/ou maintz propos se tiẽnet
Non pas doyseaulx/de chiens, ne leur abboys
Tous leurs deuis, ce sont haches/gros boys
Lances/harnoys/estandars/gouffanons
Salpestre/feu/bombardes & canons
Et semble aduis, a les ouyr parler
Quoncques ne fut memoire de bailler
Bien escriroys encores autre chose
Mais mieulx me vault rendre ma lettre close
En cest endroit, car les muses entendent
Mon rude stile/ & du tout me defendent
De plus rien dire/affin quen cuydant plaire
Trop long escript, ne cause le contraire

E iiij

Epistres

Et pour autant (princesse cordiale
Tige partant de la fleur liliale)
Ie vous supply ceste epistre en gre prendre
Me pardonnant de mon trop entreprendre
Et mestimer (si peu que le dessers)
Tousiours du rang, de voz treshumbles serfz
  Priant celluy, qui les ames heurees
Faict triumpher, aux maisons syderees
Que son vouloir, & souuerain plaisir
Soit mettre a fin, vostre plus hault desir.

Epistre en prose a la ditte dame, touchant larmee du Roy en Haynault.

Cy veoit on (tresillustre Princesse) du Roy la triumphante armee, qui vng mercredi (comme sauez) sattendãt auoir la bataille, par parolles psuadétes a le bié seruir, esleua le cueur d ses gés a si volũtaire force, q̃ alors ilz eussẽt (nõ seulemẽt cõbatu) mais fouldroye le reste du mõde, pour ce iour/ Auquel, fut veue la haultesse de cueur de maitz cheualiers, qui par ardãt desir voulurẽt poulser en la flotte des ẽnemyz, lors q̃ en diffamee fuyte, tournerẽt, laissant grãt nõbre des leurs ruyner en la cãpaigne, par impetueux orage dartilerie/ dont fut attaint le bastard Daimery si au vif, que le lendemain fina ses iours a Vallẽciennes. Apres, peut on veoir des anciens capitaines, la rusee conduicte de leurs gens darmes, la discipline militare obseruee, lardeur des auenturiers, & lordre des suysses, Auec le triumphe general de larmee Galli

Epistres. Fueil.xxxviſ.

eane,dont la veue ſeulement, a meutry lhonneur de Laynault, Cõme le Baſilicque p̃mier voyãt lhõme mortel.autre choſe(ma ſoueraie Dame)ne voyons no9, qui me ſoit lamẽtable, Cõme pouures femmes deſolees errãtes (leurs enfans au col)au trauers du pays deſpouille de verdure par le froit yuernal qui ia les commence a poindre. Puis ſen võt chauffer en leurs villes/villaiges & chaſteaulx mys a feu/cõbuſtion & ruyne totale/par vengeãce reciproque: voy re vengeance ſi confuſe & vniuerſelle, que noz ennemys propres,font paſſer pitie deuant noz yeulx.Et en telle miſerable facon, ceſte impitoyable ſerpente la guerre, a obſcurcy lair pur & nect, par pouldre de terre ſeiche / par ſalpeſtres & pouldres artificielles, & parfumee cauſee de boys mortel ardant en feu (ſans eaue de grace)inextiguible. Mais noſtre eſpoir par de ca/eſt,que les prieres dentre vous nobles Princeſſes,monteront ſi auãt es chambres celeſtes, que au moyen dicelles,la treſſacree fille de Ieſuchriſt/nommee Paix, deſcendra trop pl9 luyſante que ſoleil, pour illuminer les regiõs Galliques. Et lors ſera voſtre ſang hors du dangier deſtre eſpandu ſur les mortelles plaines. Daultrepart, aux cueurs des ieunes dames & damoyſelles,entrera certaine eſperance du retour deſire de leurs mariz. Et viuront pouures Laboureurs ſeurement en leurs habitacles, cõme Prelatz en chambres bien nattees. Ainſi bienheuree Princeſſe,eſperons nous la non aſſez ſoubdaine venue de Paix, qui touteſfois peut fina

blemēt reuenir en defpit de guerre cruelle. Cō=
me tefmoigne Minfant, en fa Comedie de fa=
talle deftinee, difant.
Paix engendre Profperite,
De Profperite, vient Richeffe
De Richeffe/Orgueil, Volupte.
Dorgueil/Contention fans ceffe,
Contention, la Guerre adreffe.
La guerre, engendre Pouurete.
La Pouurete, Humilite,
Dhumilite, reuient la Paix,
Ainfi retournent humains faictz.

Voyla cōment (au pis aller, dont Dieu nous
gard) peut reuenir celle precieufe dame, fouuēt
appellee par la natiō Frācoyfe dedās les tēples
diuins, chantans. Seigneur/donne nous paix,
Laquelle, nous vueille de bref enuoyer icelluy
feigneur & redēpteur Iefus, qui voᵘ doint heu=
reufe vie tranfitoire, & en fin eternelle.

Epiftre a la Damoyfelle negligente
de venir veoir fes amys.

NE penfe pas, trefgente Damoyfelle
Ne penfe pas/que lamour & vray zelle
Que te portons, iamais finiffe & meure.
Pour ta trop longue & fafcheufe demeure.
Fafcheufe eft elle, au moins en noz endroitz,
Mais ores quant/quarante ans te tiendrois,
Loing de noz yeulx, fi auroit on (pour voir)
Record de toy, & dueil de ne te veoir.
Car le long temps, ne labfence loingtaine,

Vaincre ne peut lamour vraye & certaine.
 Si taduisons nostre amye treschere,
Que pardeca, ne se faict bonne chere
Que de tamour on ne face vng souhaict.
Si lun sen rit, si lautre est a son haict,
Si lun sesbat, si lautre si recree
Si tost quon tient propos qui nous agree,
Tant que le cueur, de plaisir nous saultelie.
Pleust or a Dieu (ce dit lun) qune telle,
Fust or icy, Lautre dit, pleust a Dieu
Qung ange leust transportee en ce lieu.
Mais pleust a Dieu (dist lautre) que Astarot,
Lapportast saine, aussi tost qung garrot.
Voila comment pour ta fort bonne grace,
Il ny a cil, qui son souhaict ne face
Destre auec toy, & ne pouons sauoir
Pourquoy ne viens, tes amys deca veoir.
Le chemin nest, ny fascheux ny crotte
En moins dauoir dit vng Obsecrote,
En noz quartiers tu seroys arriuee.
Pourquoy doncques, de nous ainsi priuee?
Possible nest, que bien texcuser sceusses.
 Bref noꝰ vouldriõs quaussi haut voller peusses
Que le hault mont Dolimpe ou Pernasus,
Ou queusses or le cheual Pegasus,
Qui te portast vollant par les prouinces,
Ou qua present, a ton vouloir tu teinsses
Par le licol/par queue/ou par collet
Le bon cheual, du gentil Pacollet.
Ou que ton pied, fust aussi legier donques
Que bische ou cerf, que le Roy chassa onques
Ou que dela iusques icy courust eau,

Epistres.
Qui deuers nous, te menast en bateau.
Lors naurois tu bonne excuse iamais
Mais scauroit on si en oubly tu metz
Les tiens amys: Car adoncq ne tiendroit
Fors seulement, au bon vouloir & droit
Et a lamour qui aux gens donne soing
De venir veoir les amys au besoing
Quoy quenuers toy nauons peur quelle faille
Mais prions Dieu, quexcuse te defaille
Affin quamour, qui oncq ne te laissa
A noz desirs, tameine pardeca.

   Lepistre des Iartieres blanches.

DE mes couleurs ma nouuelle alliee
  Estre ne peut, vostre iambe lyee.
Car couleurs nay, & nen porteray mye
Iusques a tant, que iauray vne amye
Qui me taindra le seul blanc que ie porte
En ses couleurs, de quelque belle sorte.
Pleustor a Dieu, pour mes douleurs estaindre
Que vous eussiez vouloir de les me taindre.
Cest quil vous pleust pour amy me choisir
Daussi bon cueur, que ien ay bon desir
Que dy ie Amy? Mais pour humble seruant
Quoy que ne soye vng tel bien desseruant.
Mais quoy, au fort par loyaulment seruir
Ie tascheroye a bien le desseruir.
Bref, pour le moins, tout le temps de ma vie
Dune autre aymer, ne me prendroit enuie,
Et par ainsi, quant ferme ie seroys
Pour prendre noir, le blanc ie laisseroys

Epistres. Fueil.xxxix.

Car fermete, cest le noir par droitture
Pource que perdre il ne peut sa taincture.
  Or porteray le blanc ce temps pendant
Bonne fortune, en amours attendant
Si elle vient, elle sera receue
Par loyaulte, dedans mon cueur couceue.
Selle ne vient, de ma volunte franche
Ie porteray tousionrs liuree blanche
Cest celle la, que iayme le plus fort
Pour le present/vous aduisant, au fort
Si iayme bien les blanches ceincturettes,
Iayme encor mieulx dames qui sont brunettes.

Petite Epistre au Roy.

EN mesbatāt, ie faiz rondeulx & rime
Et en rimant, bien souuent ie menrime.
Bref, cest pitie dentre nous rimailleurs
Car vous trouuez assez de rime ailleurs.
Et quant vous plaist, mieulx que moy rimassez
Des biens auez, & de la rime assez.
Mais moy a tout ma rime & ma rimaille
Ie ne soustiens (dont ie suis marry) maille.
  Or ce me dist (vng iour) quelque rimart
Vienca Marot, trouues tu en rime art
Qui serue aux gens, toy qui as rimasse?
Ouy vrayement (responds ie) Henry Mace,
Car voys tu bien, la personne rimante
Qui au iardin de son sens la rime ente,
Si elle na des biens en rimoyant
Elle prendra plaisir en rime oyant.
Et mest aduis/que si ie ne rimoys,

Epistres.

Mon pouure corps ne seroit nourry moys
Ne demy iour, Car la moindre rimette
Cest le plaisir, ou fault que mon rys mette
　Si vous supply qua ce ieune rimeur,
Faciez auoir vng iour par sa rime heur,
Affin quon die, en prose & enrimant
Ce rimailleur qui se alloit en rimant,
Tant rimassa, rima, & rimonna,
Quil a congneu, quel bien par rime on a.

Epistre pour le capitaine Bourgeon,
A monseigneur lescuyer la Rocque.

Comme a celluy, en qui plusfort iespere,
Et que ie tiens pour pere & plus que pere
A vous me plaings par cest escript leger
Que ie ne puis de Paris desloger,
Et si en ay vouloir tel comme il fault.
Mais quoy, cest tout, le reste me deffault
Ientends cela qui mest le plus duysant.
Mais que me vault daller tant deuisant?
Venons au poinct, vous sauez (sans reproche)
Que suis boyteux, au moins commēt ie cloche.
Mais ie ne scay, si vous sauez comment
Ie nay cheual, ne mulle, ne iument.
Parquoy monsieur, ie le vous faiz sauoir
A celle fin que men faciez auoir.
Ou il fauldra (la chose est toute seure)
Que voyse a pied, ou bien que ie demeure.
Car en finer, ie ne mattends dailleurs
Raison pourquoy? Il nest plus de bailleurs
Sinon de ceulx lesquelz dormiroient bien,

Si vous supply le trescher seigneur mien
Baillez assez, mais ne vueillez dormir.
   Quant desespoir me veult faire gemir
Voicy comment bien fort de luy me mocque.
O desespoir, croy que soubz vne rocque
Rocque bien ferme, & plaine dasseurance
Pour mon secours, sest cachee Esperance.
Si elle en sort, te donnera carriere.
Et pource doncq/reculle toy arriere.
   Lors Desespoir sen va seignant du nez,
Mais ce nest rien, si vous ne leschinez.
Car autrement iamais ne cessera
De tourmenter le bourgeon qui sera.
Tousiours bourgeon, sans raisin deuenir
Sil ne vous plaist, de luy vous souuenir.

Epistre faicte pour le Capitaine Raisin, audict seigneur de la Rocque.

EN mon viuant, ie ne te feiz sauoir
Choses de moy, dont tu deusses auoir
Ennuy ou dueil: mais pour lheure presente
Trescher seigneur, il fault que ton cueur sente,
Par amitie/& par ceste escripture,
Vung peu dennuy de ma male auenture.
Et mattends bien, quen maintz lieux ou iras
A mes amys, ceste Epistre lyras.
Ie ne veulx pas aussi que tu leur celes,
Mais leur diras, Amys iay des nouuelles
Dun malheureux, que Venus la deesse
A forbanny de soulas & lyesse.
Tu diras vray: car maulx ne sont venuz,

Epistres.

Par le vouloir de impudique Venus
Laquelle feit, tant par mer que par terre
Sonner vng iour, contre femmes la guerre
Ou trop tost sest, maint cheualier trouue
Et maint grant homme a son dam esprouue.
Maint bon courtault, y fut mys hors dalaine
Et maint mouton, y laissa de sa laine.
Bref, nul ne peut (soit par feu/sang/ou myne,)
Gaigner profit, en guerre feminine.
Car leur ardeur, est aspre le possible,
Et leur harnoys, hault & bas inuincible.
Quant est de moy, ieunesse pouure & sotte
Me feit aller, en ceste dure flotte
Fort mal garny de lances & escus.
Semblablement, le gentil dieu Bacchus
My amena, acompaigné dandoilles
De gros iambons, de verres a gargoilles
Et de bon vin, versé en maint flascon
Mais ie y receu, si grant coup de faulcon
Quil me faillit, soubdain faire la poulle,
Et menfuyr (de peur) hors de la folle.
  Ainsi naure, ie contemple & remire
Ou ie pourroys, trouuer souuerain mire
Et prenant cueur, autre que de malade
Vins circuyr, les limites Darchade,
La terre neufue/ & la grant Tartarie
Tant qua la fin, me trouuay en Surie.
Ou vng grant Turcq, me vint au corps saisir
Et sans auoir a luy faict desplaisir,
Par plusieurs iours, ma si tresbien frotte
Le dos/ les rains/ les bras/ & le couste,
Quil me conuint gesir en vne couche

Epistres. Fueil. xlj.

Criant les dents/le cueur, aussi la bouche
Disant, helas, O Bacchus puissant Dieu
Mas tu mene, expres en ce chault lieu
Pour veoir a loeil, moy le petit raisin
Perdre le goust, de mon proche cousin
Si vne foys, puis auoir allegeance
Certainement, ien prendray bien vengeance
Car ie feray, vne armee legiere
Tant seulement, de lances de fougiere
Camp de Tauerne, & pauoys de iambons
Et beuf salle, quon trouue en mangeāt, bons,
Tant que du choc, rendray tes flascōs vuydes
Si tu ny metz, grant ordre & bonnes guydes
 Ainsi ieslieue, enuers Bacchus mon cueur
Pour ce quil ma, priue de sa liqueur
Me faisant boyre, en chambre bien serree
Fade Tisane, auecques eau ferree
Dont souuent fais, ma grant soif estancher,
 Voyla comment (O monseigneur tāt cher)
Soubz lestandart, de fortune indignee
Ma vie fut/iadis predestinee/
En fin descript, bien dire le te vueil
Pour adoulcir, laigreur de mon grant dueil
Car dueil cache, en desplaisant couraige
Cause trop plus, de doleur & de raige
Que quant il est par parolles hors mys
Ou declaire par lettre a ses amyz/
Tu es dés myens, le meilleur esprouue
A Dieu celluy, que tel iay bien trouue.

Fin des Epistres.

Complainctes & Epitaphes. Et premierement

Complaincte du feu Baron Iehan de Mal
leuille Parisien, qui auec Lautheur seruit
iadis de Secretaire Marguerite de France
seur vnique du Roy. Et fut tue des Turs a
Baruht.

A la terre.

Terre basse, ou lhomme se conduict
Respõdz (helas) a ma demãde triste
Ou est le corps, q̃ tu auoys produict
Dõt le dept, me tourmẽte & cõtriste?
Lauoys tu faict, tant bon tant beau/ tant miste
Pour de son sang, taindre les dartz pointus
Des Turcz mauldits? Las ilz nẽ ont point euz
De plus aymans vray honneur que icelluy
Qui mieulx ayma la mourir en vertus
Quen deshonneur suyure plusieurs batus
Tel veit encor, qui est plus mort que luy

A la mer

O cruaulte, de impetueuses vagues
Mer variable, ou toute crainte abonde
Cause mouuant, dont trop cruelles dagues
Lont faict perir, de mort tant furibonde
Si hault desir de congnoistre le monde
Tauoit transmis, si gentil personnage
Las, failloit il, quen la fleur de son eage
Par deuers toy, si rudement le prinses
Sans plus reueoir, la court des nobles princes
Ou tant il est a present regrette

O mer amere, aux mordantes espinces
Certainement, ce quarrestes & pinces
Au gre de tous, est trop bien arreste.

A Nature

Helas Nature, ou est la bonne grace
Dont tu le feiz luyre par ses effectz?
Forme lauoys, beau de corps & de face
Doulx en parler, & constant en ses faictz
Dhonnestete estoit lun des parfaictz
Car en fuyant, les piquans espinettes
Doysiuete/flustes/ & espinettes
Bruyre faisoit en tresdoulce accordance
Du luz sonnoit, motetz & chansonnettes,
Danser sauoir auec & sans sonnettes,
Las or est il, a sa derniere danse

A la mort

Las or est il, a la derniere danse
Ou toy la mort, luy as faict sans soulas
Faire faulx pas, & mortelle cadance
Soubz dur rebec, sonnant le grant helas
Quant est du corps, vray est meurdry las
Mais de son bruyt, ou iamais neut friuolle
Malgre ton dard, par tous climatz il volle
Tousiours croissant, comme lys qui fleuronne
Touchant son ame, immortelle couronne
Luy a donne, celluy pour qui mourut
Mais quelque bien encor que Dieu luy donne
Ie suis contrainct par amour qui lordonne
Le regreter/ & mauldire Baruht,

A Fortune,

Epitaphes

Fortune helas muable & desreiglee
Qui du palud de malheur viens & sors
Bien as monstre, que tu es aueuglee
D'auoir gette sur luy tes rudes sortz
Car si tes yeulx, de inimitie consors
Eusses ouuers pour bien apperceuoir
Les grans vertus, quon luy a veu auoir
Pitie teut meue a le retenir seur
Mais tu ne veulx, de toymesmes rien veoir
Pour aux humains faire mieulx assauoir
Que plus te plaist, cruaulte que doulceur.

Marot conclud

La terre dit, qu'a bon droit peut reprendre
Ce quon a faict, quoy quon ayt desseruy
La mer respond, que sain le sceut bien rendre
En terre ferme, ou soubdain fut rauy
Nature dit, que mort a laudiuy
Par dessus elle, & quen rien ne peut mais
La mort respond, que les plusgrans iamais
N'espargnera, & fortune linfame
Dit quelle est nee a faire tort & blasme
Laissons la doncq, en sa coustume vile
Et supplions le filz de nostre dame
Quen fin es cieulx, il nous face veoir lame
Du feu Baron, dit Iehan de Malleuille.

Amen

Fueil.xliij.

Complaincte dune Niepce, sur la mort de
sa Tante.

Que ie fés mō cueur plain de regret
Quant souuenir ma pensee resueille
Dun dueil cache, au pl9 pfōd secret
du myē esprit, q poᵘ se plaidre veille
Seigneurs lisans/nen soyez en merueille
Ains voz douleurs, a la myenne vnyssez
Ou pour le moins, ne vous esbahissez
Si ma douleur, est plus quautre profonde
Mais tous ensemble, estonnez vous assez
Comment ie nay en mon cueur amassez
Tous les regretz, qui furent oncq au monde

Tous les regretz qui furent oncq au monde
Venez saisir, la dolente Niepce
Qui a perdu, par fiere mort immunde
Tante & attente, & entente & liesse
Perdu (helas) gyst son corps, Et qui est ce?
Iehanne bonte, des meilleures de France
De qui la vie esloignoit de souffrance
Mon triste cueur, & le logeoit aussi
Au par de ioye, & au clos desperance
Mais las sa mort, bastist ma demourance
Au boys de dueil, a lombre du soucy

Au boys de dueil, a lombre du soucy
Nestoye au temps de sa vie prospere
Mon soulas gyst, soubz ceste terre icy
Et de le veoir plus au monde nespere
O mort mordant, o impropre impropere
Pourquoy helas ton dard me flechissoit

F iij

Complainctes

Quant son vouloir au myen elle vnissoyt
Par vraye amour naturelle & entiere
Mon cueur ailleurs ne pense ne pensoyt
Ne pensera:donques(quoy quil en soit)
Si ie me plaings,ce nest pas sans matiere

Si ie me plaings,ce nest pas sans matiere
Veu que trop fut horrible cest oraige
De conuertir,en terrestre fumiere
Ce corps qui seul a naure maint couraige
Helas cestoit celle tant bonne & saige
A qui iadis,le prince des haulx cieulx
Voulut liurer,le don tant precieux
Dhonnestete en cueur constant & fort
Mais dard mortel,de ce fut enuieux
Dont plus ne vient plaisir deuant mes yeulx
Tant ay dennuy,& tant de desconfort

Tant ay dennuy,& tant de desconfort
Que plus nē puis,dōcq en boys ou mōtaigne
Nymphes laissez leau qui de terre sort
Maintenant fault quen larmes on se baigne
Pourquoy cela?pour de vostre compaigne
Pleurer la mort,mort lest venu saisir
Pleure Rouen/pleure ce desplaisir
En douleur soit,tant plaisante demeure
Et qui aura de soy trister desir
Vienne auec moy,qui nay autre plaisir
Fors seulement lactente que ie meure

Fors seulement lactente que ie meure
Rien ne me peut alleger ma douleur

Car soubz cinq poinctz incessammēt demeure
Qui mont contraincte, aymer noire couleur
Dueil tout premier, me plōge en son malheur
Ennuy sur moy, employe son effort
Soucy me tient, sans espoir de confort
Regret apres, moste lyesse pleine
Peine me suyt/& tousiours me remord
Par ainsi iay pour vne seule mort
Dueil & ennuy, soucy, regret & peine.

Epitaphe de la ditte Iehanne bonte.

Cy est le corps Iehanne bonte, boute/
L'esprit au ciel, est par bonte, monte.

De Longueil, homme docte

O Viateur, cy dessoubz gyst Longueil
A quoy tiēt il, que ne meines long dueil
Quant tu entends sa voye consommee?
Nas tu encor entendu renommee
Par les climatz, que son renom insigne
Va publiant, a voix, trompe, & bucine?
Si as pour vray/mais si grande est la gloire
Quen as ouy, que tu ne le peulx croire
Va lire doncq (pour en estre asseure)
Ses beaulx escriptz, de stile mesure
Lors seulement ne croyras son hault pris
Mais aprendras (tant soys tu bien apris)
Si te sera son bruyt tout veritable
Et la grandeur de ses faictz profitable

Epitaphes

De feu honneste personne, le petit Argē
tier Paulmier, Dorleans.

Cy gyst le corps dun petit Argentier
Qui eut le cueur, si bon/large/& entier
Quen son viuant, nassembla bien aucun
Fors seulement, lamytie de chascun
Laquelle gyst auec luy (comme pense)
Et a laisse, pour toute recompense
A ses amyz, le regret de sa mort/
Doncques Passant si pitie te remord
Ou si ton cueur, quelque dueil en recoit
Souhaitte luy (a tout le moins) quil soit
Autant ayme de Dieu tout pur & munde
Comme il estoit, du miserable monde.

De maistre Andre le voust, iadis medecin
du Duc Dalencon.

Celluy qui prolōgeoit, la vie des humains
A la sienne perdue, au dōmage de maintz
Helas cestoit le bō/ feu maistre Andre le voust
Iadis allenconnoys/ores pasture & goust
De terreste vermyne/& ores reuestu
De cercueil & de tumbe/& iadis de vertu
Or est mort medecin/du bon Duc Dalencon
A nature ainsi fault/tous payer la rencon.

De noble damoiselle, Parisienne Katheri
ne Bude.

Mort a rauy Katherine Bude
Cy gyst le corps/helas qui leust cude?
Elle estoit ieune en bon point belle & blāche

Tout cela chet, comme fleurs de la branche
Ny penſons plus/voyre, mais du renom
Quelle merite, en diray ie rien?non:
Car du mary, les larmes pour le moins
De ſa bonte, ſont ſuffiſans teſmoings.

De Coquillart, & de ſes armes a troys coquilles dor.

LA morre eſt ieu pire que aux quilles
Ne que aux eſchetz, ne quau quillart
A ce meſchant ieu/Coquillart
Perdit ſa vie, & ſes coquilles.

De frere Iehan Leueſque Cordelier, natif Dorleans.

CY giſt/repoſe/& dort leans
Le feu Eueſque Dorleans.
Ientends Leueſque en ſon ſurnom,
Et frere Iehan en propre nom.
Qui mourut lan cinq cens vingt,
De la verolle qui luy vint.
 Or affin que ſainctes & anges,
Ne preignent ces boutons eſtranges
Prions Dieu, quau frere frappart.
Il donne quelque chambre a part.

De Iehan le veau.

CY giſt le ieune Iehan le veau,
Qui en ſa grandeur & puiſſance

Epitaphes.

Fust deuenu beuf, ou thoureau
Mais la mort le print des enfance,
Il mourut veau par desplaisance
Qui fut dommaige a plus de neuf,
Car on dit (veu sa corporance)
Que ceust este vng maistre beuf.

De Guyon le Roy, qui sattendoit destre Pape auant que mourir.

CY gist Guyon, Pape iadis & Roy
Roy de surnom, Pape par fantasie
Non marie, de peur (comme ie croy)
Destre cocu, ou dauoir ialousie
Il prefera bon vin & maluoysie,
Et chair sallee, a sa propre sante
Or est il mort, la face cramoysie
Dieu te pardoint, pouure Pater sācte.

De Iouan.

IE fuz Iouan, sans auoir femme
Et fol iusque a la haulte game.
Tous folz & tous iouans aussi
Venez pour moy prier icy
Lun apres lautre, & non ensemble,
Car le lieu seroit (ce me semble)
Vng petit bien estroict pour tous.
Et puis son ne parloit tout doulx,
Tant de gés me rōproient mō somme
Au surplus, quant quelque saige homme
Viendra mon Epitaphe lire,

Iordonne (sil se prend a rire)
Quil soit des folz maistre passe.
Fault il rire dun trespasse?

De frere Andre Cordelier.

CY gist, qui assez mal preschoit
Par ces femmes tant regrette
Frere Andre, qui les cheuauchoit
Comme vng grant asne desbaste.

De feu maistre Pierre de Villiers.

CY gist, feu Pierre de Villiers
Iadis fin entre deux milliers.
Et secretaire de renom
De Francoys, premier de ce nom.
Si saigement viure souloit
Que iamais estre ne vouloit
(Combien quil fust vieil charie)
Prebstre/ne mort/ne marie.
De peur quil ne chantast loffice,
De peur quil nentrast en seruice.
Et de peur destre enseuely.
Et de faict, ie tiens tant de ly
Ou au moins par tout le bruit a
Que des troys, les deux euita.
Car iamais on ne le veit estre
Au monde, marie/ne prebstre.
Mais de mort, ma foy ie croy bien
Quil lest, depuis ne scay combien.
Les deux il sceut bien eschapper,

Epitaphes.

Mais le tiers le sceut bien happer
Mil cinq cens vng & vingtquatre,
Non pas happer, mais si bien battre
Quil dort encor icy dessoubz
De ses pechez soit il absoulz.
   Amen.

De Iehan Serre, excellent
ioueur de Farces.

CY dessoubz gyst, & loge en serre
Ce tresgentil fallot Iehan serre,
Qui tout plaisir alloit suiuant,
Et grant ioueur en son viuant.
Non pas ioueur de detz ne quilles,
Mais de belles farces gentilles.
Auquel ieu/iamais ne perdit,
Mais y gaigna bruyt & credit
Amour/& populaire estime
Plus que descuz, comme iestime.
 Il fut en son ieu si a dextre,
Qua le veoir/on le pensoit estre
Yuroigne quant il se y prenoit
Ou badin sil lentreprenoit.
Et neust sceu faire en sa puissance
Le saige: Car a sa naissance
Nature ne luy feit la trongne
Que dun badin ou dun yurongne
Touteffois ie croy fermement
Quil ne feit oncq si viuement
Le badin qui rit ou se mord
Comme il faict maintenant le mort,

Epitaphes. Fueil. xlvij.

Sa science nestoit point vile
Mais bonne: Car en ceste ville
Des tristes tristeur destournoit
Et lhomme aise, en aise tenoit.
　Or bref, quant il entroit en salle
Auec vne chemise sale
Le front/la ioue/& la narine
Toute couuerte de farine
Et coiffe dun beguin denfant
Et dun hault bonnet triumphant
Garny de plumes de chappons
Auec tout cela, ie responds
Quen voyant sa grace nyaise
On nestoit pas moins gay ny aise
Quon est aux champs elysiens
　O vous humains Parisiens
De le pleurer pour recompense
Impossible est: Car quant on pense
A ce quil souloit faire & dire
On ne se peut tenir de rire.
Que dys ie? On ne le pleure point?
Si faict on, & voicy le poinct.
On en rit si fort en maintz lieux,
Que les larmes viennent aux yeulx.
Ainsi en riant on le pleure
Et en pleurant, on rit a lheure.
　Or pleurez/riez vostre saoul
Tout cela ne luy sert dun soul.
Vo⁹ feriez beaucop mieulx (en sõme)
De prier Dieu pour le pouure hõme.
　　Fin des Complainctes/
　　　& Epitaphes.

Ballades.

Et premierement, celle des Enfans sans soucy.

Vi sõt ceulx la, qui ont si grãd enuie,
Dedans leur cueur & triste marrisson
Dont ce pendant, que nous sommes en vie,
De Maistre Ennuy, nescoutons la lecon.
Ilz ont grant tort, veu quen bonne facon
Nous consommons nostre florissant aage
Saulter/danser/chanter a lauantage
Faulx enuieux, est ce chose qui blesse?
Nenny (pour vray) mais toute gentilesse
Et gay vouloir, qui nous tient en ses las.
Ne blasmez point doncques nostre ieunesse,
Car noble cueur ne cherche que soulas.

Noº sommes druz, chagrain ne nous suyt mye
De froit soucy ne sentons le frisson.
Mais dequoy sert vne teste endormye.
Autant qung beuf dormant pres dun buysson
Languars picquans, plus fort qung herisson
Et plus reclus, qung vieil corbeau en caige
Iamais daultruy ne tiennent bon langaige.
Tousiours sen vont songeans quelque finesse
Mais entre nous, nous viuons sans tristesse.
Sans mal penser, plus aises que prelatz
Den dire mal, cest doncques grand simplesse,
Car noble cueur, ne cherche que soulas.

Bon cueur/bon corps/bonne phisonomie
Boire matin, fuyr noise & tanson
Dessus le soir, pour lamour de samye
Deuant son huys, la petite chanson
Trancher du braue & du mauuais garson.
Aller de nuyct, sans faire aucun oultrage
Se retirer, voyla le tripotage
Le lendemain recommencer la presse.
Conclusion, nous demandons lyesse
De la tenir iamais ne fusmes las
Et maintenons, que cela est noblesse,
Car noble cueur, ne cherche que soulas.

Prince damours, a qui deuons hommage
Certainement, cest vng fort grand dommage
Que nous nauons en ce monde largesse
Des grans tresors, de Iuno la deesse
Pour venus suyure, & que dame Palas
Nous vint apres ressouyr en vieillesse
Car noble cueur, ne cherche que soulas.

Le cry du ieu de lempire Dorleans.

Laissez a part, voz vineuses tauernes
Museaulx ardans, de rouge enluminez
Renieunissez, saillez de voz cauernes
Vieulx accropiz, par aage examinez
Voicy les iours qui sont determinez
A blasonner/a desgorger & dire
Voicy le temps, que suppostz de lempire
Doiuent par droit, leurs coustumes tenir
Si voulez doncq passer le temps & rire,

Ballades.

Ny enuoyez: mais pensez de venir.

Harnoys/cheuaulx/fiffres/tabours & trõp
Riches habitz & grans bragues auoir
Ce ne sont pas de lempire les pompes.
Leurs motz/leur ieu/cest cela quil fault veoir
Qui vouldra doncq des nouuelles sauoir
Qui ne saura des folies cent mille,
Qui ne saura mainte abusion vile
Sans trop picquer, len ferons souuenir
Pourtant seigneurs, de ceste noble ville
Ny enuoyez, mais pensez de venir.

Nayez pas peur, dames gentes mignonnes
Quen noz papiers on vous vueille coucher
Chascun scait bien, questes belles & bonnes
On ne sauroit a voz honneurs toucher
Qui est morueux, si se voise moucher.
Venez venez/sotz/saiges/folz & folles
Vous musequins, qui tenez les escolles
De caqueter/faire & entretenir
Pour bien iuger, que cest de noz parolles.
Ny enuoyez, mais pensez de venir.

Prince, le temps & le terme sapproche
Quempiriens, par dessus la Bazoche
Triumpheront, pour honnneur maintenir
Toutes & tous, si trop fort on ne cloche
Ny enuoyez, mais pensez de venir

 Ballade, dun quon appelloit Frere Lubin.

Pour courir en poste a la ville
Vingt foys/cent foys/ne scay combien
Pour faire quelque chose vile
Frere Lubin le fera bien
Mais dauoir honneste entretien
Ou mener vie salutaire
Cest a faire a vng bon chrestien
Frere Lubin ne le peut faire

Pour mettre(cōme vng hōme habile
Le bien daultruy auec le sien
Et vous laisser sans croix ne pile
Frere Lubin,le fera bien
On a beau dire,ie le tien
Et le presser de satisfaire
Iamais ne vous en rendra rien
Frere Lubin ne le peut faire.

Pour desbaucher,par vng doulx stile
Quelque fille de bon maintien
Point ne fault de vieille subtile
Frere Lubin le fera bien
Il presche en theologien
Mais pour boyre de belle eaue claire
Faictes la boyre a nostre chien
Frere Lubin ne le peut faire.

Enuoy
Pour faire plustost mal que bien
Frere Lubin,le fera bien
Et si cest quelque bon affaire
Frere Lubin ne le peut faire.

Ballade de Marot du temps quil aprenoit
a escrire au Palais a Paris.

Musiciens a la voix argentine
Dorenauant comme vng hôme esperdu
Ie chanteray plus hault que bucine
Helas si iay mon ioly temps perdu
Puis que ie nay ce que iay pretendu
Cest ma chanson, pour moy elle est bien deu
Or ie voys veoir, si la guerre est pdue
Ou selle picque, ainsi qung herisson
A dieu vous dy mõ maistre Iehã grissõ
A dieu Palais & la porte barbette
Ou iay chante, mainte belle chanson
Pour le plaisir dune ieune fillete

Celle qui cest, en ieunesse est biẽ fine
Ou iay este assez mal entendu
Mais si pour elle encores ie chemine
Parmy les piedz, ie puisse estre pendu
Cest trop chante/siffle/& attendu
Deuant sa porte/en passant par la rue
Et mieulx vauldroit tirer a la charue
Quauoir tel peine/ou seruir vng massõ
Brief si iamais ien tremble de frisson
Ie suis cõtẽt, quõ mappelle Caillette
Cest trop souffert, de peine & marissõ
Pour le plaisir dune ieune fillette.

Ie quitte tout/ie donne/ie resine
Le don daymer/qui est si cher vendu
Ie ne dy pas que ie me determine

Ballades.

De vaincre amour/cela mest deffendu
Car nul ne peut, contre son arc tendu
Mais de souffrir, chose si mal congrue
Par mõ serment, ie ne suis plus si grue
On ma aprins tout par cueur ma leçõ
Ie crain le guet/cest vng mauuais garson
Et puis d' nuyct, trouuez vne charette
Voꝰ voꝰ cassez le nez cõme vng glaçõ
Pour le plaisir, dune ieune fillete

   Prince damours, regnant dessoubz la nue
Liure la moy, en vng lict toute nue
Pour me payer de mes maulx la facon
Ou la mẽuoye a lombre dung buisson
Car selle estoit auecqs moy seullette.
Tu ne vyz õcq mieulx plãter le cressõ
Pour le plaisir, dune ieune fillete

   Ballade a Madame la Duchesse Dalen
con par laquelle Marot la supplie de
stre couche en son estat.

Princesse au cueur noble & rassis
  La fortune que iay suyuie
Par force ma souuent assis
Au froid gyron de triste vie
De my seoir, encor me conuie
Mais ie responds (comme fasche)
Destre assis ie nay plus denuie
Il nest que destre bien couche.

   Ie ne suis point des excessifz

G ij

Ballades

Importuns:car iay la pepie
Dont suis au vět,comme vng chassis
Et debout ainsi qune espie
Mais se vne foys en la coppie
De vostre estat,ie suis marche
Ie crieray plus hault qune pie
Il nest que destre bien couche

Lun soustient,contre cinq ou six
Questre acoulde,cest musardie
Lautre,quil nest que destre assis
Pour bien tenir chere hardie
Lautre dit,que cest melodie
Dun homme debout bien fiche
Mais quelque chose que lon dye
Il nest que destre bien couche

Princesse de vertu remplie
Dire puis(comme iay touche)
Si promesse,mest acomplie
Il nest que destre bien couche.

 Ballade dun amāt ferme en son amour/quel=
que rigueur que sa dame luy face.

PRes de toy,ma faict arrester
 Amour,qui tousiours me remord
Mais den partir,fault mapprester
Sans plus y.poursuyure ma mort
Bel acueil qui ma rys/me mord
Et tourne ma ioye en destresse
Pour auoir quys en trop hault port

Ballades.

Premiere & derniere maistresse

Ha mon cueur, que veoy regretter,
Tu cherches trop heureux confort
Foible suis, pour te conquester
Vng chasteau de si grant effort
Si viuras tu loyal & fort
Et combien que rigueur toppresse
Ie veulx que la tiennes (au fort)
Premiere & derniere maistresse.

Premiere, car dautre acointer
Ne me vint oncques en record
Et derniere, car la quitter
Iamais ie ne seray daccord
Premiere me serre & entord
Derniere peut moster de presse
Brief, elle mest (soit droit ou tort)
Premiere & derniere maistresse.

Enuoy
A Dieu doncq, cueur de noble apport
Tache dingratitude expresse
A Dieu du seruant sans support
Premiere & derniere maistresse.

Ballade de la naissance de monseigneur le Daulphin.

Quant Neptunus, puissant Dieu de la mer
Cessa darmer, carraques & gallees
Les Gallicans, bien le deurent aymer

Ballades

Et reclamer/ses grans vndes sallees
Car il voulut, en ces basses vallees
Rédre la mer, de la Gaulle haultaine
Calme & paisible, ainsi qu'une fōtaine
Et pour oster mathelotz de souffrance
Faire nager, en ceste eaue claire & saine
Le beau Daulphin, tant desire en France

Nymphes des boys, pour son nom sublymer
Et estimer/ sur la mer sont allees
Si furent lors (cōme on peut p̄sumer
Sans escumer, les vagues rauallees
Car les fortsvēts, eurēt gorges hallees
Et ne souffloient, sinō a doulce alaine
Dōt mariniers vogoiēt ē la mer plaine
Sans craindre en riens, des oraiges l'oultrance
Bien preuoyans, la paix que leur amaine
Le beau Daulphin, tant desire en France

Monstres marins, vyt on lors assommer
Et consommer, tempestes deuallees
Si que les nefz (sans crainte dabismer)
Nageoient en mer, a voilles auallees
Les grans poissons, faisoient saulx & hullees
Et les petiz dune voix fort sereine
Doulcement, auecques la Seraine
Chantoient au iour de sa noble naissance
Bien soit venu en la mer souueraine
Le beau Daulphin, tant desire en France

 Prince marin, hayant oeuure vilaine
Ie te supply, garde que la Balaine

Ballades. Fueil.liij.

Au Celerin, plus ne face nuysance
Affin quon ayme en ceste mer mondaine
Le beau Daulphin, tant desire en France.

Ballade, du triumphe de Ardres & Gingnes
faict par les Roys de Fráce & Dangleterre.

AV cãp des Roys, les pl⁹ beaulx de ce mõde
Sont arriuez, troys riches estendars
Amour tient lun de couleur blanche & munde
Triumphe lautre auecques ses souldars
Viuement painct de couleur celestine
Beaulte apres en sa main noble & digne
Porte le tiers sainct de vermeille sorte
Ainsi chascun richement se comporte
Et en tel ordre & pompe primeraine
Sont venuz veoir la Royale cohorte
Amour/ triumphe/ & beaulte soueraine

En ces beaulx lieux, plustost que vol daronde
Vient celle amour, des celestines pars
Et en apporte, vne viue & claire vnde
Dont elle estainct, les fureurs du Dieu Mars
Auecques France, Angleterre enlumyne
Disant, il fault, quen ce camp ie domine
Puis a son vueil, faict bon guet a la porte
Pour empescher, que discorde napporte
La pomme dor, dont vint guerre inhumaine
Aussi affin, que seulement en sorte
Amour/ triumphe, & beaulte soueraine

Pas ne conuient, que ma plume qui se fonde
A rediger du triumphe les arts

G iiij

Ballades

Car de si gras, en haultesse profonde
Nē feirēt oncq les belliqueux Cesars
Que diray plus?richesse tant insigne
A toꝰ humais biē demōstre & designe
Des deux partiz, la puissāce tresforte
Brief il nest cueur qui ne se reconforte
En ce pays, plus quen mer la seraine
De veoir regner (apres rācūe morte)
Amour/triūphe/& beaulte souueraie

Enuoy.

De la beaulte des hōmes me deporte
Et quāt a celle aux dames, ie rapporte
Quē ce mōceau, layde seroit Helaine
Parquoy concludz, que ceste terre porte
Amour/triumphe/& beaulte souueraine.

Ballade de larriuee de monseigneur Dalē
con en Haynault.

Deuers Haynault, sur les fins d̄ chāpaigne
Est arriue, le bon Duc Dalencon
Auec honneur, qui tousiours lacompaigne
Comme le sien propre & vray escusson
La peut on veoir, sur la grant plaine vnye
De bons souldars, son enseigne munye
Prestz demployer, leur bras fulminatoire
A repoulser, dedans leur territoire
Lourds Haynuyers, gent rustique & brutale
Voulant marcher, sans raison peremptoire
Sur les climatz de France occidentale.

Prenez hault cueur donqs Frāce & Bretaigne
Car si en camp tenez fiere facon.
Fondre verrez deuant vous Alemaigne,
Comme au soleil, blanche neige ou glacon.
Fiffres tabours, sonnez en armonie
Aduenturiers, que la picque on manye
Pour les choquer, & mettre en accessoire,
Car desia sont au royal possessoire.
Mais (comme croy) destinee fatale
Veult ruiner, leur oultrageuse gloire
Sur les climatz de France occidentalle.

Donques pietons, marchans sur la campaigne
Fouldroyez tout, sans riens prendre a rancon.
Preux cheualiers, puis quhonneur on y gaigne
Voz ennemyz poussez hors de larcon.
Faictes rougir du sang de Germanie
Les clers ruisseaulx, dont la terre est garnie.
Si feront mys voz haultz noms en histoire,
Frappez doncq tant de main gladiatoire,
Quapres leur mort, & deffaicte totale,
Vous rapportez la palme de victoire
Sur les climatz, de France occidentale.

Princes rempliz de hault loz meritoire,
Faisons les tous (si vous me voulez croire)
Aller humer leur ceruoise & godalle,
Car de noz vins ont grant desir de boire
Sur les climatz, de France occidentale.

Ballade de Paix, & de Victoire.

Ballades.

Quel hault souhaict/quel bien heure desir
Feray ie las, pour mon dueil qui empire?
Souhaitteray ie auoir dame a plaisir?
Desireray ie, vng regne ou vng empire
Nenny (pour vray) Car celluy qui naspire
Qua son seul bien, trop se peut desuoyer
Pour chascun doncq a soulas conuoyer
Souhaicter vueil chose plus meritoire.
Cest que Dieu vueille en brief nous ennoyer
Heureuse paix, ou triumphant victoire.

Famine vient labeur aux champs saisir
Le bras au chef.soubdaine mort conspire
Soubz terre veoy gentilzhommes gesir,
Dont mainte dame en regrettant souspire.
Clameurs en faict, ma bouche qui respire
Mon triste cueur, loeil en faict larmoyer,
Mon foible sens ne peut plus rimoyer,
Fors en dolente & pitoyable histoire.
Mais bon espoir me promect pour loyer,
Heureuse paix, ou triumphant victoire.

Ma plume lors aura cause & loysir
Pour du loyer/quelque beau lay escrire.
Bon temps adonc viendra France choysir,
Labeur alors changera pleurs en rire.
O que ces motz sont faciles a dire,
Ne scay si Dieu les vouldra employer
Cueurs endurciz (las) il vous fault ployer
Amende toy, o regne transitoire.
Car tes pechez pourroient bien foruoyer
Heureuse paix, ou triumphant victoire.

Prince Francoys, faiz discorde noyer.
Prince Espaignol, cesse de guerroyer.
Prince aux Angloys, garde ton territoire.
Prince du ciel, vueille a France octroyer
Heureuse paix, ou triumphante victoire.

    Noel en forme de Ballade, sur le chant,
    Iay veu le temps que iestoye a bazac.

OR est noel venu son petit trac,
Sus doncq aux châps, bergeres de respec
Prenons chascun panetiere & bissac
Flute/flageol/cornemuse & rebec.
Ores nest pas temps de clorre le bec,
Chantons/saultons/& dansons ric a ric
Puis allons veoir lenfant au pouure nic.
Tant exalte Dhelye aussi Denoc.
Et adore de maint grant Roy & Duc.
Son nous dit nac, il fauldra dire noc.
Chantons noel, tant au soir quau dessuc.

Colin georget/& toy margot du clac
Escoute vug peu, & ne dors plus illecq
Na pas long temps sommeillant pres dun lac
Me fut aduis, quen ce grant chemin sec
Vng ieune enfant se combatoit auec
Vng grant serpent/& dangereux aspic.
Mais lenfanteau en moins de dire pic,
Dune grant croix luy donna si grant choc
Quil labbatit/& luy cassa le sucq.
Garde nauoit de dire en ce desroc,
Chantons noel/tant au soir quau desiucq.

Ballades.

Quant ie louy frapper & ticq & tacq,
Et luy donner si merueilleux eschec
L'ange me dist, dun ioyeulx estomach,
Chante noel, en Francoys ou en Grec,
Et de chagrin ne donne plus vng zecq
Car le serpent a este prins au bricq.
Lors mesueillay/& comme fantasticq
Tous mes troupeaux, ie laissay pres vng rocq
Si men allay plus fier qun Archeduc
En Bethleem, Robin/Gaultier & Roch,
Chantons noel, tant au soir quau desiucq.

Prince deuot, souuerain catholicq
Sa maison nest de pierre ne de bricq,
Car tous les vens y soufflent a grant floc,
Et quainsi soit, demandez a sainct Luc.
Sus doncq auant, pendons soucy au crocq,
Chantons noel, tant au soir quau desiuc.

Ballade de Caresme.

Cessez acteurs, descrire en eloquence
  D'armes/damours/de fables & sornettes,
Venez dicter soubz piteuse loquence,
Liures plainctifz de tristes chansonnettes
Nescriuez dor, mais de couleurs brunettes,
A celle fin que tout dueil y abonde.
Car Iesuchrist laignau tout pur & munde,
Pour nous tirer des enfers detestables,
Endura mort horrible & furibonde
En ces sainctz iours piteux & lamentables.

Ballades.   Fueil.lv.

Romps tes flageolz dieu Pan par violence,
Et va gemir en champestres logettes.
Laissez les boys, vous Nymphes dexcellence
Et vous rendez en cauernes subiectes
Ne chantez plus, refreignez voz gorgettes
Tous oyselletz: trouble toy la claire vnde.
Ciel noyrcis toy, & dangoisse profonde
Bestes des champs, par cryz espouentables
Faictes trembler toute la terre ronde
En ces sainctz iours piteux & lamentables.

Riches habitz de noble preference
Vueillez changer, dames & pucellettes
Aux ornemens, de dolente apparence.
Et resserrez vous blanches mammellettes
En temps deste, florissent violettes,
Et en yuer seichent par tout le monde.
Donc puis quen vous, ioye & soulas redonde
Durant les iours a rire conuenables.
Pleurez aumoins, autant noire que blonde,
En ces sainctz iours piteux & lamentables.

Prince chrestien, sans que nul te confonde
Presche chascun qua ieusner il se fonde.
Non seulement de mectz bien delectables,
Mais de peche/& vice trop immunde
En ces sainctz iours piteux & lamentables.

Ballade de la Passiõ nostreseigneur Iesuchrist.

LE Pellican de la forest celique
Entre ses faictz tant beaulx & nouuelletz

Ballades.

Apres les cieulx & lordre archangelique,
Voulut creer ses petiz oyselletz,
Puis sen volla, les laissa tous seuletz,
Et leur donna, pour mieulx sur la terre estre,
La grand forest de paradis terrestre
D arbres de vie amplement reuestue.
Plantez par luy quon peut dire en tout estre,
Le pellican qui pour les siens se tue.

Mais ce pendant quen ramaige musique,
Chantent aux boys comme rossignolletz,
Vng oyselleur cautelleux & inique
Les a deceuz, a gluz/rhetz/& filletz,
Dont sont banniz des iardins verdeletz.
Car des haultz fruictz/trop voulurēt repaistre,
Parquoy en lieu sentant pouldre & salpestre
Par plusieurs ans/mainte souffrance ont eue
En attendant hors du beau lieu champestre,
Le pellican qui pour les siens se tue.

Pour eulx mourut, cest oysel deifique
Car du hault boys, plain de sainctz angeletz,
Volla ca bas/par charite pudique.
Ou il trouua corbeaulx tresordz & laidz,
Qui de son sang ont faict maintz ruisseletz,
Le tourmentant a dextre & a senestre,
Si que sa mort/comme lon peut congnoistre,
A ses petiz, a la vie rendue.
Ainsi leur feit sa bonte apparoistre
Le pellican, qui pour les siens se tue.

Enuoy.

Chant royal. Fueil.lvj.

Les corbeaulx, sont ces/Iuifz exillez,
Qui ont a tort les membres mutillez
Du pellican, Cest du seul Dieu & maistre.
Les oyselletz, sont humains quil feit naistre,
Et loyselleur/la serpente tortue
Qui les deceut, leur faisant mescongnoistre
Le pellican, qui pour les siens se tue.

Chant Royal, de la Conceptiõ nostre Dame,
que Maistre Guillaume Cretin voulut auoir de
Lautheur, leql̃ luy enuoya, auecq̃s ce huictain.

Clement Marot, a monsieur Cretin, sonuerain Poete Francoys, S.

L'Homme sot, art, & non sauant
Comme vng rotisseur qui laue oye,
La faulte daucun nonce auant
Quil la congnoisse ne la voye:
Mais vous de hault scauoir la voye
Saurez par trop mieulx mexcuser
Dung gros erreur si faict lauoye
Qung amoureulx, de muscq vser.

Chant Royal.

LOrs que le Roy par hault desir & cure
Delibera daller vaincre ennemys,
Et retirer de leur prison obscure
Ceulx de son ost, a grans tourmens submis.
Ilenuoya ses fourriers en Iudee
Prendre logis, sur place bien fondee,
Puis commanda tendre en forme facile
Vng pauillon pour exquis domicile,

Chant Royal.

Dedans lequel, dresser il proposa
Son lict de cãp, nõme en plain cõcile
La digne couche, ou le Roy reposa.

Au pauillon fut la riche paincture,
Monstrant par qui noz pechez sont remiz
Cestoit la nue, ayant en sa closture
Le iardin clos, a tous humains promis
La grant cite, des haultz cieulx regardee,
Le lyz royal, loliue collaudee
Auec la tour de Dauid immobile
Parquoy louurier, sur tous le plus habile,
En lieu si noble, assist & apposa
(Mettant a fin le dict de la Sibille)
La digne couche, ou le roy reposa.

Dantique ouurage a compose nature
Le bois du lict ou na vng poict obmis
Mais au coissin plũe tresblãche & pure
Dũ blãc coulõb, le grãt ouurier a mys
Puis charite, tant quise & demandee,
Le lict prepare, auec paix accordee
Linge trespur, dame innocence file
Diuinite les troys rideaux en file,
Puis alentour les tendit & posa
Pour preseruer du vent froit & mobile,
La digne couche, ou le Roy reposa.

Aucuns ont dit, noire la couuerture
Ce qui nest pas, Car dũ ciel fut transmis
Son lustre blanc/sans autre art de taincture
Vng grant pasteur/lauoit ainsi permis,

Chant royal.

Lequel iadis par grace concordee
De ses aignaulx la toison bien gardee
Transmist au cloz de nature subtile,
Qui vne en feit la plus blanche & vtile
Quonques sa main tyssut ou composa.
Dont elle orna (oultre son commun stile)
La digne couche, ou le Roy reposa.

Pas neut vng ciel, faict a frange & figure
De fins damas/sargettes ou samys.
Car le hault ciel, q̃ tout rõd on figure,
Pour telle couche illustrer fut cõmis.
Dun tour estoit, si precieux bordee,
Quonques ne fut de vermine abordee
Nest ce doncq pas dhumanite fertile
Oeuure bien faict? veu q̃ laspic hostile
Pour y dormir, approcher nen osa?
Certes si est, Et nest a luy seruile
La digne couche, ou le Roy reposa.

Enuoy.

Prince, ie prens en mon sens puerile
Le pauillon pour saincte Anne sterile
Le Roy pour Dieu, qui aux cieulx repos a
Et Marie est (vray comme leuangile.)
La digne couche, ou le Roy reposa.

Icy finissent les Ballades.

Rondeaux. Et premierement.

Rondeau responsif a vng autre qui se commencoit, Maistre Clement mon bon amy.

EN vng rondeau sur le cōmencement
Vng vocatif/ cōme Maistre Clemēt,
Ne peut faillir rētrer p huys ou porte
Aux Orateurs sauās ie men raporte,
Qui den vser se gardent saigement.

Biē inuēter vous fault premierement,
Linuention dechiffrer proprement,
Si que raison & ryme ne soit morte.
  En vng rondeau.
Vsez de motz receuz communement,
Rien superflu ny soit aucunement,
Et de la fin quelque bon propos sorte
Clouez tout court/ rentrez de bonne sorte,
Maistre passe/ serez certainement.
  En vng rondeau.

  A vng creancier.

VNg bien petit de pres me venez prendre
 Pour vous payer: Et si deuez entendre,
Que ie neuz onc Angloys de vostre taille.
Car a tous coups/ vous criez baille baille,
Et nay dequoy contre vous me deffendre.

Sur moy ne fault telle rigueur estendre,
Car de pecune, vng peu ma bourse est tendre,

Et touteffois,ien ay,vaille que vaille.
>Vng bien petit.
Mais a vous veoir(ou lon me puiffe pendre)
Il femble aduis,quon ne vous vueille rendre
Ce quon vous doit,Beau fire/ne vous chaille
Quant ie feray plus garny de cliquaille,
Vous en aurez,mais il vous fault attendre.
>Vng bien petit.

>Du Difciple fouftenant fon maiftre
>contre les detracteurs.

DV premier coup,entendez ma refponfe
Folz detracteurs,mõ maiftre voᵥ annõce
Par moy qui fuys lun de fes clercs nouueaulx
Que pour rimer,ne voᵥ crainct deux naueaulx
Et euffiez vous,de fens encor vne once.

Si lefpargnez/tous deux ie vous renonce
Picquez le doncq mieulx que defpine ou rõce/
Luy enuoyant des meilleurs & plus beaulx.
>Du premier coup.
Et tenez bon,en fuyuant ma femonce.
Car fe vne fois fes deulx fourcilz il fronce,
Et euffiez vous de rimes & rondeaulx
Plain troys barilz/voire quatre tonneaulx,
Ie veulx mourir/fil ne les vous deffonce.
>Du premier coup.

>De celluy qui incite vne ieuné
>Dame a faire amy.

Rondeaux.

A Mon plaisir, vous faictes feu & basme
Parquoy souuent ie mestonne ma dame
Que vous nauez quelque amy par amours,
Au dyable lun/qui fera ses clamours
Pour vous prier, quant serez vieille lame.

Or en effect, ie vous iure mon ame
Que si iestoys ieune & gaillarde femme,
Ien auroys vng, deuant quil fust troys iours.
   A mon plaisir.
Et pourquoy non?ce seroit grant diffame,
Si vous perdiez ieunesse/bruyt/& fame,
Sans esbranler drap, satin/& velours.
Pardonnez moy/si mes motz sont trop lourds,
Ie ne vous veulx quaprendre vostre game.
   A mon plaisir.

De Lamoureux ardant.

AV feu qui mon cueur a choisy
Iettez y ma seule deesse
De leau de grace & de lyesse.
Car il est consomme quasi.

Amours la de si pres saisy.
Que force est/quil crye sans cesse.
   Au feu.
Si par vous en est dessaisy,
Amours luy doint pl⁹ grād destresse,
Si iamais sert autre maistresse.
Donques ma dame courez y.
   Au feu.

Rondeaux.

Rondeau satyrique.

ON le ma dit/dague a rouelle,
Que de moy en mal vous parlez
Le vin que si bien auallez,
Vous le mect il en la ceruelle?

Vous estes rapporte nouuelle,
Dautre chose ne vous meslez.
   On le ma dit.
Mais si plus vous aduient meselle,
Voz reins en seront bien gallez,
Allez de par le dyable allez,
Vous nestes qune maquerelle.
   On le ma dit.

A vng Poete ignorant.

QVon meine aux champs ce coquardeau
Lequel gaste(quant il compose)
 Raison/mesure/texte/& glose,
Soit en ballade ou en rondeau.

Il na ceruelle ne cerueau,
Cest pourquoy si hault crier iose.
Quõ meine aux chãps ce coquardeau
 Sil veult rien faire de nouueau,
Quil ouure hardyment en prose,
(Ientends,sil en scait quelque chose)
Car en ryme,ce nest qung veau.

  Quon meine aux champs.

Rondeaux.
De la ieune Dame qui a vieil mary.

EN languiſſant/& en griefue triſteſſe
Vit mon las cueur, iadis plain de lyeſſe
Puis que lon ma/donne mary vieillard.
Helas pourquoy?riens ne ſcait du vieil art
Quaprend Venus lamoureuſe deeſſe.

Par vng deſir, de monſtrer ma proueſſe
Souuent laſſaulx, mais il demande, ou eſt ce?
Ou dort(peut eſtre)& mon cueur veille a part.
    En languiſſant.
Puis quant ie veulx luy iouer de fineſſe,
Honte me dit, ceſſe ma fille ceſſe
Garde ten bien, a honneur prens eſgard·
Lors ie reſponds, honte/allez a leſcart.
Ie ne veulx pas perdre ainſi ma ieuneſſe.
    En languiſſant.

Du mal content damours.

DEſtre amoureux/nay plus intention,
Ceſt maintenant ma moindre affection.
Car celle la de qui ie cuidoye eſtre
Le bien ayme:ma donne a congnoiſtre.
Quau faict damours/ny a que fiction.

Ie la penſoys ſans imperfection.
Mais dautre amy a prins poſſeſſion.
Et pource plus/ne men veulx entremettre,
    Deſtre amoureux.
Au temps preſent, par toute nation,

Les dames sont comme vng petit syon.
Qui tousiours ploye a dextre & a senestre.
Brief,les plus fins/ne sy sauent congnoistre,
Parquoy concludz/que cest abusion.

Destre amoureux

De labsent de samye.

TOut au rebours(dōt cōuiēt que lāguisse)
Viēt mō vouloir car de bō cueur vo9 veisse
Et ie ne puis par deuers vous aller.
Chante qui veult,balle qui veult baller,
Ce seul plaisir seulement ie voulzisse

Et son me dit quil fault que ie choisisse
De pardeca/dame qui mesiouysse.
Ie ne sauroys me tenir de parler.
   Tout au rebours.
Si responds franc,iay dame sans nul vice
Autre naura en amours mon seruice.
Ie la desire/ & souhaitte voller,
Pour laller veoir/ & pour nous consoler.
Mais mes souhaictz,vont comme lescreuice.
   Tout au rebours.

De lamant doloreux.

AVant mes iours/mort me fault encourir
Par vng regard,dont mas voulu ferir.
Et ne te chault de ma griefue tristesse.
Mais nest ce pas/a toy grande rudesse,
Veu que tu peulx si bien me secourir?

Rondeaux.

Au pres de leau, me fault de soif perir.
Ie me voy ieune & en eage fleurir,
Et si me monstre estre plain de vieillesse.
  Auant mes iours.
Or si ié meurs, ie veulx Dieu requerir
Prendre mon ame/& sans plus enquerir,
Ie donne au vers mon corps plain de foiblesse,
Quant est du cueur, du tout ie le te laisse,
Ce nonobstant/que me faces mourir.
  Auant mes iours.

A monsieur de Pothon, pour le prier de parler au Roy.

LA ou scauez, sans vous ne puis venir.
Vous estes cil/qui pouez subuenir
Facilement, a mon cas & affaire.
Et des heureux de ce monde me faire,
Sans quaucun mal vous en puisse aduenir.

Quant ie regarde & pense a laduenir,
Iay bon vouloir de saige deuenir.
Mais sans support, ie ne me puis retraire.
  La ou scauez.
Malefortune a voulu maintenir.
Et a iure de tousiours me tenir.
Mais (monseigneur) pour loccire & deffaire
Enuers le Roy vueillez mon cas parfaire,
Si que par vous ie puisse paruenir.
  La ou scauez.

De la mort de monsieur de Chissay.

Rondeaux. Fueil.lxj.

D Vng coup destoc, Chissay noble homme
&fort
Lan dix & sept, soubz malheureux effort
Tomba occiz, au moys quon seme lorge
Par Pomperan/qui de Boucal & Lorge
Fut fort blesse/quoy quil resistast fort

Chissay, beau, ieune/en credit & support
Fist son deuoir/au combat & abord
Mais par hazart, fut frappe en la gorge
   Dun coup destoc.
 Dont vng chascun de dueil ses leures mord
Disant, helas?lhonneste homme, est il mort?
Pleust or a dieu, & monseigneur sainct George
Que tout baston eust este en la forge
Alors quil fut, ainsi naure a mort.
   Dung coup destoc

A vng Poete Francoys.

M Ieulx resonant, qua bien louer facile
Est ton renom vollant du domicile
Palladial, vers la terreste gent
Puis vers les cieulx, dont as le tiltre gent
Daigle moderne, a suyure difficile

Ie dy moderne antique en facons mille
Ce qui pres toy me rend bas & humile
Dautant que plomb est plus sourd que largēt
   Mieulx resonant
 Ainsi ma plume, en qui bourbe distile
Veult esclarcir, londe, claire & vtile

Dont le grauier, est assez refulgent
Pour troubler loeil, de lesprit indigent
Qui en tel cas, a besoing dautre stile
      Mieulx resonant

Au seigneur Theocrenus, lysãt a ses disciples.

PLus profitable est de tescouter lire
  Que Dappollo ouyr toucher la lyre
Ou ne se prend plaisir que pour loreille
Mais en ta langue ornee & nompareille
Chascun y peut plaisir & fruict eslire

Ainsi dautant, qun dieu doit faire & dire
Mieulx qung mortel, chose ou nayt que redire
Dautant il fault, estimer ta merueille.
      Plus profitable
Brief, si dormir, plus que veiller peut nuyre
Tu doys en loz, par sus Mercure bruyre
Car il endord, loeil de celluy qui veille
Et ton parler, les endormiz esueille
Pour quelque iour, a repos les conduyre.
      Plus profitable

A Estiéne du Téple, docte en lettres Latines.
TAnt est subtil, & de grande efficace
  Le tien esprit, quil nest homme qui face
Chose qui plus honneur & loz conserue
Et ce quas faict, Roy/seigneur/serf, ne serue
Ne le feit oncq. ie metz raison en face

Qui veult descendre en la vallee basse

Rondeaux

Monte doit estre, auant en haulte place
Mais ton esprit, tout le contraire obserue
       Tout est subtil
Descendu es/des temples quant a race
Et puis monte au temple quant a grace
Ie dy au temple excellent de Mynerue
Brief, ton descendre est dantique reserue
Et ton monter, le ciel cristallin passe.
       Tant est subtil

Estienne Clauier a Clement Marot.

POur bien louer vne chose tant digne
  Comme ton sens, il fault sauoir condigne
Mais moy pouuret desprit & de sauoir
Ne puis attaindre, a si hault conceuoir
Dont de despit, souuent me paiz & disne

Car ie congnoys, que le fons & racine
De tes escriptz ont prins leur origine
Si tresprofond, que ie ne puis rien veoir
      Pour bien louer
Doncq orateurs, chascun de vous consigne
Termes dorez puysez en la piscine
Palladiane/Et faictes le deuoir
Du filz Marot, en telle estime auoir
Quil na second, en rethorique insigne
      Pour bien louer

Response dudit Marot, au dit Clauier.

POur bien louer, & pour estre loue
De tous espritz, tu doys estre alloue

Rondeaux

Fors que du myen, car tu me plufque loues
Mais en louant, plus haultz termes alloues
Que la fainct Iehan/ou Pafques/ou Noue.

Qui noue mieulx, refponds ou .C. ou .E?
Brief/iay toufiours, en eau baffe noue
Mais dedans leau, Cabaline, tu noues
          Pour bien louer
C. ceft Clement/contre chagrin cloue
E. eft Eftienne/efueille/en ioue/
Ceft toy qui maintz, de loz trefapte doues
Mais endroit moy, tu faiz cignes les oues
Quoy que de loz, doiues eftre doue
          Pour bien louer

   A ma dame Iehanne gaillarde de Lyon,
   Femme de grant fauoir.

D'Auoir le pris, en fcience & doctrine
  Bien merita de Pifan la criftine
Durant fes iours, mais ta plume doree
D'elle feroit a prefent adoree
S'elle viuoit par volunte diuine

Car tout ainfi, que le feu lor affine
Le téps a faict noftre langue plus fine
De qui tu as leloquence affeuree
          D'auoir le pris
Dôcques ma main, réds toy hûble & benigne
Et donnant lieu, a la main femenine
Nefcriptz plus rien en ryme mefuree
Fors que tu es, vne main bienheuree

Rondeaux. Fueil.lxiij.

D auoir touche celle qui est tant digne
        D auoir le pris

Response au precedent Rondeau par ma
ditte dame Iehanne Gaillarde.

DE macquiter ie me trouue surprise
    D un foible esprit, car a toy nay sauoir
Correspondant, tu le peulx bien sauoir
Veu quen cest art, plus quautre/lon te prise

Si fusse autant eloquente & aprise
Comme tu dys, ie feroys mon deuoir.
        De macquiter.
Si veulx prier, la grace en toy comprise
Et les vertus qui tant te font valoir
De prendre en gre laffectueux vouloir
Dont ignorance a rompu lentreprise
        De macquiter

A celluy dont les lettres Capitales du
Rondeau, portent le nom.

V Eu ton esprit, qui les autres surpasse
   I e mesbahys comment ie prens audace
C omposer vers/est ce pour te valloir
T ouchant cest art?cest plustost bon vouloir
O u franc desir, qui mon cueur induict a ce

R ien est mon faict, le tien est don de grace
B rief ta facon, en peu de ryme embrasse
R aison fort grande, & sans grand peine auoir

Rondeaux

Veu ton esprit.

Or desormais, ie vueil suyure la trasse
De ton hault sens, duquel la veine passe
Entre les Rocz, de profond conceuoir
A tant me tays: mais si en tel sauoir
Veulx tadonner: tu seras loultrepasse
        Veu ton esprit

A la louenge de ma dame la Duchesse Dalencon, seur vnique du Roy.

Sans riens blasmer, ie sers vne maistresse
Qui toute femme, ayant noble haultesse
Passe en vertus/ & qui porte le nom
Dune fleur belle/ & en Royal surnom
Demonstre bien, son antique noblesse

En chastete, elle excede Lucresse
De vif esprit/ de constance & sagesse
Ce en est lenseigne, & le droit gouffanon
        Sans riens blasmer
On pourroit dire, il lestime sans cesse
Pour ce que cest sa dame & sa princesse
Mais on scait bien, se ie dy vray ou non/
Brief/ il ne fut, en louable renom
De puis mil ans, vne telle Duchesse
        Sans riens blasmer

Marot a ses amyz ausquelz on rapporta quil estoit prisonnier.

Il nen est rien, de ce quon vous reuele
Ceulx qui lont dit, ont faulte de ceruelle

Rondeaux.

Car en mon cas, il ny a mesprison
Et par dedans, ne vy iamais prison
Doncques amyz, lennuy quauez, ostez le

Et vous causeurs, plains denuie immortelle
Qui vouldriez bien, que la chose fust telle
Creuez de dueil/de despit ou poyson
    Il nen est rien

Ie rys/ie chante/en ioye solennelle
Ie sers ma dame, & me cõsole en elle
Ie ryme ẽ prose(& peut estre ẽ raisõ)
Ie sors dehors, ie rentre en la maison
Ne croyez pas dõcqs lautre nouuelle
    Il nen est rien

Dung qui se plainct de mort & denuie.

Depuis quatre ans, faulx rapport vicieux
Et de la mort, le dard pernicieux
Ont faict sur moy tomber maint grant orage
Mais lun dex deux, ma naure en courage
Trop plus que lautre/& en bien plus de lieux

Touchant rapport, en despit de ses ieux
Ie vy tousiours/riche/sain & ioyeulx
Combien qua tort, il mayt faict grant dõmage
    Depuis quatre ans
Mais quant de mort, le remors furieux
Sen vient par foys/passer deuant mes yeulx
Lors suis contrainct, de blasmer son oultrage
Car luy tout seul, ma plus donne de rage
Que na enuie, & tous les enuieux.
    Depuis quatre ans

Rondeaux

Du soy complaignant de fortune.

Faulse fortune, o que ie te vy belle
Las qua present, tu mes rude & rebelle
O que iadis, feiz bien a mon desir
Et maintenant me faiz le desplaisir
Que ie craignoys plus que chose mortelle

Enfans nourriz, de sa gaulche mammelle
Composons luy (ie vous prie) vng libelle
Qui picque dru, & qui morde a loysir
   Faulse Fortune
Par sa rigueur (helas) elle mexpelle
Du bien que iay/disant, puis quil vient delle
Quelle peut bien du tout men dessaisir
Mais en fin mort, mort me fera gesir
Pour me venger de sa seur la cruelle
   Faulse fortune

De compter sa fortune

De fortune, trop aspre & dure
Peut trop souffrir, vng poure corps
Si par parolle ne mect hors
La cause pour quoy il endure

Mais soubz constante couuerture
Peut on bien declairer les sorts
   De fortune.
Den dessirer, robbe & ceincture
Crier & faire telz efforts
Tout cela nesert de riens, fors
A plus indigner la nature
   De fortune.

Du confict en douleur

SI iay du mal, maugre moy ie le porte
Et sainsi est, quaulcun me reconforte
Son reconfort ma douleur point nappaise
Voyla comment ie languys en mal'aise
Sans quelque espoir, de lyesse plus forte

Et fault quennuy, iamais de moy ne sorte
Car mon estat fut faict de telle sorte.
Des que fuz ne, pourtant ne vous desplaise
    Si iay du mal.
Quant ie mourray, ma douleur sera morte
Mais ce pendant, mon pouure cueur supporte
Mes tristes iours en fortune mauuaise
Dont force mest, que mon ennuy me plaise
Et ne fault plus que ie me desconforte
    Si iay du mal

Rondeau par contradictions.

EN esperant, espoir me desespere
Tant que la mort, mest vie tresprospere
Me tourmentant de ce qui me contente
Me contentant de ce qui me tourmente
Pour la douleur, du soulaz que iespere

Amour hayneuse, en aigreur me tempere
Puis temperance, aspre comme vipere
Me refroidist, soubz chaleur vehemente
    En esperant
Lenfant aussi, qui surmonte le pere

Rondeaux

Bande ses yeulx, pour veoir mon impropere
De moy senfuyt, & iamais ne sabsente
Mais sans bouger, va en obscure sente
Cacher mon dueil: affin que mieulx appere.
  En esperant

Aux amyz & seurs de feu Claude Perreal/Lyonnoys.

EN grant regret, si pitie vous remord
Pleurez lamy, Perreal qui est mort
Vous ses amyz, chascun preigne sa plume/
La myenne est preste, & bon desir lalume
A deplorer (de sa part) telle mort.

Et vous ses seurs, dont maint beau tableau sort
Paindre vous fault pleurantes son grief sort
Pres de la tombe, en laquelle on linhume
  En grant regret
Regret men blesse/& si scay bien au fort
Quil fault mourir/& que le desconfort
(Soit court ou long) ny sert que damertume
Mais vraye amour, est de telle coustume
Quelle contrainct, les amyz plaindre fort
  En grant regret

Du Vendredi sainct.

DVeil ou plaisir me fault auoir sans cesse
Dueil/q̃t ie voy (ce iour plai de rudesse)
Mon redempteur, pour moy en la croix pẽdre
Ou tout plaisir, quant pour son sang espendre

Rondeaux.

Je me voy hors de l'infernale presse

Je riray doncq/non/ie prendray tristesse
Tristesse?ouy/dys ie toute lyesse/
Brief ie ne scay/bonnement lequel prendre.
   Dueil ou plaisir
Tous deux sont bons,selon que dieu nous dresse
Ainsi la mort qui le Saulueur oppresse
Faict sur noz cueurs,dueil & plaisir descendre
Mais nostre mort,qui en fin nous faict cendre
Tant seulement,l'un ou l'autre nous laisse.

   Dueil ou plaisir.

  De la conception nostre dame.

Comme nature,est en peche ancree
Par art d'enfer,grace qui nous recree
Par art du ciel, Marie en garentit
Car autrement,cil qui se y consentit
Ne leust iamais, a son filz consacree

Mais il peut tout, & veult & luy agree
Qu'ung filz sacre, aye mere sacree
Ce quelle fut, & vice ne sentit.
   Comme nature
Nature trop,de fol desir oultree
Est en peche originel entree
Et sans baptesme,oncq homme né partit
Mesmes iamais, la vierge nen sortit
Aussi iamais, elle n'y feit entree.
   Comme nature

I ij

De la veue des Roys de France & D'âgle-
terre entre Ardres & Guynes.

DE deux grãs Roys, la noblesse & puissãce
Veue en ce lieu, nous dõne cõgnoissance
Que amytie prend, courage de Lyon
Pour ruer ius, vieille rebellion
Et mettre sus, de paix lesiouyssance

Soit en beaulte, sauoir & contenance
Les anciens, nõt point de souuenãce
Dauoir oncq veu / si grãt perfection.
   De deux grans Roys
Et le festin, la pompe / & lassistance
Surpasse en bien, le triũphe & p̃stãce
Qui fut iadis, sur le mont Pelyon.
Car de la vint, la guerre Dylion
Mais de cecy, vient paix & alliance.
   De deux grans Roys.

De ceulx qui alloient sur mulle au Camp
Dattigny.

AVx champs aux champs, braues, quon ne
vous trousse.
Prenez harnoys / larc / la fleche / & la trousse
Pour vous deffendre en Haynault ou Milan
Et gardez bien, dy empoigner mal an
Car le drap dor, bien peu sert quant on poulse

Raison pourquoy ? on se y bat & courrousse
Plus que a chasser, a quelque beste rousse

Rondeaux.

Ou a voller, la pye ou le Millan.
        Aux champs
En cestuy camp, ou la guerre est si doulce
Allez sur mulle, auecques vne housse
Aussi touzez, qung moyne au Capellan
Mais vous vouldriez estre en Hierusalem
Quant ce viendra, a donner la secousse
        Aux champs

Au Roy/pour auoir argent au desloger de Reims.

AV departir, de la ville de Reims
Faulte dargent me rend foible de reins
Roy des Francoys/voyre de telle sorte
Que ne scay pas comment dicy ie sorte
Car mon cheual tiét mieulx que par les creins

Puis lhoste est rude/& plain de gros refrains
Brief, ie y lairray/mors/bossettes & frains,
Ce ma il dit/ou le diable lemporte
        Au departir
Si vous supply Prince que iayme & crains
Faictes miracle, auecques aucuns grains
Resuscitez, ceste personne morte
Ou autrement, demourray a la porte
Auec plusieurs, qui sont a ce contraincts
        Au departir

De celle qui pour estreines enuoye a son amy, vne de ses couleurs.

SOubz esperance & attente dauoir
Responfe faicte en plus profond sauoir

Rondeaux

Les myens espritz vng lourd rõdeau tescriuẽt
Et deuers toy, peu destreines arriuent
Pour force amour, entre nous conceuoir

Gris/blãc/& bleu, sõt mes couleurs (pourvoir)
Mais du seul gris, ie tay voulu pouruoir
Dont sont vestuz, plusieurs humains qui viuẽt
   Soubz esperance
Recoy le doncq, & vueilles parceuoir
Que les tendans, a leurs desirs se veoir
Sarment de gris/& desespoir ne suyuent
Car par luy seul, souuent de bien se priuent
Ceulx qui pourroient, mieulx que biẽ receuoir
   Soubz esperance

   Dung lieu de plaisance.
PLus beau que fort, ce lieu ie puis iuger
 Parquoy le veulx, non pas comparager
A Ilyon / non a Troye la grande
Mais bien au val, tapisse de lauande
Ou sendormyt Paris, ieune berger

En ce beau lieu, Dyane vient loger
Ne vueillez dõcq/sur luy faulte sõger
Car il est tel, comme elle demande
   Plus beau que fort
Maintz ennemyz, le viennẽt assieger
Dont le plus rude est le Serin legier
Lautre, le geay/la passe/& la calande
Ainsi la dame (a qui me recommande)
Sesbat a veoir/la guerre en son verger
   Plus beau que fort

Rondeaux. Fueil.lxviij.

Des Nonnes,qui sortirent du couuent
pour se aller recreer.

HOrs du couuent,lautrehyer soubz la coul
drette.
Ie rencontray mainte Nõne pprette
Suyuant Labbesse en grand deuotion
Si cours apres/& par affection
Vins aborder,la pl9 ieune & tédrette

Ie larraisonne,elle plaict & regrette/
Dont ie congneu(certes)que la pouurette
Eust bien voulu autre vacation
   Hors du couuent
Toutes auoient,soubz vesture secrette
Vng tainct vermeil/vne myne saffrette
Sans point auoir,damours fruition
Ha(dis ie lors)quelle perdition
Se faict icy,de ce dont iay souffrette.

   Hors du couuent

  Daliance de pensee

VNg Mardi gras,que tristesse est chassee
Maduint par heur damytie pourchassee
Vne pensee excellente & loyalle
Quant ie diroys digne destre royalle
Par moy seroit,a bon droit exaulcee

Car de rymer,ma plume dispensee
Sans me louer,peut louer la pensee
      I iiij

Rondeaux

Qui me suruint dansant en vne salle
   Vng Mardi gras
Cest celle quay dalliance pressee
Par ses attraictz/laqlle a voix baissee
Ma dit ie suis/ta pensee fealle
Et toy la myenne, a mon gre cordialle
Nostre alliance, ainsi fut commancee.
   Vng Mardi gras

Dalliance de grand amye.

Dedans Paris, ville iolie
Vng iour passant melencolie
Ie prins alliance nouuelle
A la plus gente damoiselle
Qui soit dicy en Italie.

Dhonnestete elle est saisie
Et croy (selon ma fantasie)
Quil nen est gueres de blus belle
   Dedans Paris
Ie ne la vous nommeray mye
Sinon que cest, ma grant amye
Car laliance se feit telle
Par vng doulx baiser que ieu delle
Sans penser, aucune infamye.
   Dedans Paris

De troys alliances.

Tant & plus mon cueur se côtéte
Daliances: car autre attente
Ne me sauroit myeulx assouuir

Rondeaux. Fueil.lxix.

Veu que iay pour honneur suyuir
Pensee, grant amye/& tante.

La pensee est noble & prudente
La grant amye belle & gente,
La tante en bonte veulx pleuuir.
   Tant & plus.
Et ce rondeau ie luy presente,
Mais pour conclusion decente,
La premiere ie veulx seruir.
De lautre, lamour desseruir.
Croire la tierce est mon entente.
   Tant & plus.

 Aux damoyselles paresseuses
  descrire a leurs amys.

Bon iour, & puis, qlles nouuelles,
Nen sauroit on de vous auoir?
Si brief ne men faictes sauoir,
Ien feray de toutes nouuelles.

Puis que vous estes si rebelles,
Bon vespre/bonne nuyct/bon soir.
   Bon iour.
Mais si vous cueillez des groselles/
Enuoyez men: Car pour tout voir,
Ie suis gros, mais cest de vous veoir
Quelque matin mes damoyselles.
   Bon iour.
 De celluy qui nouuellement a
  receu lettres de samye

Rondeaux.

A Mon desir, dun fort singulier estre
Nouueaulx escriptz on ma faict appoistre
Qui mont rauy/tant quil fault que par eulx
Aye liesse/ou ennuy langoreux
Pour lun ou lautre, amour si ma faict naistre.

Cest par vng cueur, q̃ du miē iay faict Maistre,
Voyant en luy toutes vertuz accroistre
Et ne crains fors/ quil soit trop rigoreux.
       A mon desir.
Cest vne dame/en faictz & dictz adextre.
Cest vne dame ayant la sorte destre
Fort bien traictant vng loyal amoureux.
Pleust or a Dieu/que fusse assez heureux,
Pour quelque iour lesprouuer & congnoistre,
       A mon desir.

Des trois couleurs, Gris/Tanne/& Noir.

GRis/tanne/noir, porte la fleur des fleurs
Pour sa liuree, auec regrectz & pleurs.
Pleurs & regrectz en son cueur elle enferme,
Mais les couleurs, dont ses vestemens ferme
(Sans dire mot) exposent ses douleurs.

Car le noir dit, la fermete des cueurs
Gris le trauail, & tanne les langueurs.
Par ainsi cest/langueur en trauail ferme.
       Gris/tanne/noir.
Iay ce fort mal par elle & ses valeurs,
Et en souffrant/ne crains aucuns malheurs,
Car sa bonte de mieulx auoir masferme.

Rondeaux. Fueil.lxx.

Ce nonobstant/ en attendant le terme,
Me fault porter ces trois tristes couleurs.
Gris/tanne/noir.

Du soy deffiant de lamour de samye.

Plus quen autre lieu de la ronde,
Mon cueur volle comme laronde
Vers toy/en prieres & dictz.
Mais si asprement lescondiz,
Que noyer le faiz en claire vnde.

Dont ne puis croire (ou lon me tõde)
Que ton cueur a maymer se fonde
Quãt tous biens me y sont interdictz.
Plus quen autre lieu.
Car il ny a Princesse au monde,
Qui maymast damour si profonde
Comme celle que tu me dys,
Qui ne mouurist le paradis
De iouyssance/ou grace abonde.
Plus quen autre lieu.

De celluy qui ne pense quen samye.

Toutes les nuictz ie ne pense quen celle,
Qui a le corps plus gent qune pucelle
De quatorze ans, sur le poinct denrager.
Et au dedans vng cueur (pour abreger)
Autant ioly queut onques damoyselle.

Elle a beau tainct, vng parler de bon zelle,

Rondeaux.

Et le tetin rond comme vne grozelle.
Nay ie doncq pas bien cause dy songer.
   Toutes les nuictz.
Touchant son cueur/ie lay en ma cordele.
Et son mary na sinon le corps delle.
Mais toutesfois, quant il vouldra changer,
Preigne le cueur, & pour le soullager,
Iauray pour moy le gent corps de la belle.
   Toutes les nuictz.

De celluy qui de nuyct entra ches samye.

De nuict & iour fault estre auentureux,
Qui damours veult auoir biés platureux,
Quant est de moy/ie neuz oncq craincte dame
Fors seulement, en entrant ches ma dame
Destre apperceu des langars dangereux.

Vng soir bien tard me feirent si paoureux,
Quaduis mestoit/quil estoit iour pour eulx,
Mais si entray ie, & nen vint iamais blasme.
   De nuict & iour.
La nuict ie prins/delle vng fruict sauoureux
Au poinct du iour vy son corps amoureux
Entre deux draps, plus odorans que basme.
Mon oeil adoncq/qui de plaisir se pasme,
Dist a mes bras, vous estes bien heureux.
   De nuict & iour.

Du content en amours.

La me tiendray/ou a present me tien,
Car ma maistresse au plaisant entretien

Rondeaux. Fueil.lxxj.

M'ayme d'un cueur tant bon & desirable,
Qu'on me deuroit appeller miserable,
Si mon vouloir estoit autre que sien.

Et fusse Helaine aux gratieux maintien,
Qui me vint dire, amy/faiz mon cueur tien,
Ie respondroys, point ne seray muable.
   La me tiendray.
Q'ung chascun doncq voise chercher son bien,
Quant est a moy/ie me trouue tresbien.
Iay dame belle/exquise/& honnorable
Parquoy fusse ie/vnze mil ans durable
Au dieu damours ne demanderay rien.
   La me tiendray.

  De celluy qui est demoure, &
   s'amye s'en est allee.

Tout apart soy/est melencolieux,
 Le tien seruant, qui s'esloigne des lieux,
La ou lon veult chanter danser & rire
Seul en sa chambre, il va ses pleurs escrire.
Et n'est possible a luy de faire mieulx.

Car quant il pleut, & le soleil des cieulx
Ne reluist point, tout homme est soucieux
Et toute beste en son creux se retire.
   Tout apart soy.
Or maintenant/pleut larmes de mes yeulx,
Et toy qui es mon soleil gratieux,
Mais delaisse en l'ombre de martyre.
Pour ces raisons, loing des autres me tire,

Rondeaux.

Que mon ennuy, ne leur soit ennuieux.
Tout a part soy.

De celluy de qui lamye a faict nouuel amy.

Iusque a la mort/ dame teusse clamee,
Mais vng nouueau ta si bien reclamee,
Que tu ne veulx qua son leurre venir.
Si ne peulx tu chose en moy soustenir
Pourquoy lamour deust estre consommee.

Car en tous lieux tousiours tay estimee,
Et si on dit que ie tay deprimee,
Ie dy que non, & le veulx maintenir.
Iusque a la mort.
Dieu doint que pis tu nen soys renommee,
Car sil est sceu, tu en seras nommee
Femme sans cueur qui ne sest peu tenir
Daller au change/ & a grant tort bannir
Celluy qui leust parfaictement aymee.
Iusque a la mort.

De lamant marry contre sa dame.

DV tout me veulx desheriter
De ton amour: Car profiter
Ie ny pourroys pas longue espace,
Veu qun autre recoit ta grace
Sans mieulx que moy la meriter.

Puis que a toy se veult presenter
De moy se deura contenter,

Rondeaux.   Fueil.lxxij.
Car ie luy quitteray la place.
        Du tout.
Tes graces sont fort a noter,
On ny sauroit mettre ne oster.
Tu as beau corps & belle face,
Mais ton cueur est plain de fallace.
Voyla qui men faict deporter.
        Du tout.

    Rondeau daliance de seur.

Par aliance ay acquis vne seur,
    Qui en beaulte/en grace/& en doulceur,
Entre vng millier ne trouue sa pareille,
Aussi mon cueur a laymer sappareille,
Mais destre ayme, ne se tient pas bien seur.

Las elle ma/naure de grand vigueur,
Non dun cousteau, non par hayne ou rigueur,
Mais dun baiser de sa bouche vermeille.
        Par aliance.
Cil qui la voit, iouyt dun treshault heur,
Plus heureux est/ qui parle a sa haulteur,
Et plus heureux a qui preste loreille.
Bienheureux doncq deuroit estre a merueille,
Qui en amours seroit son seruiteur.
        Par aliance.

    Dune dame ayant beaulte & bõne grace.

Grande vertu/& beaulte naturelle
Ne sont souuent en forme corporelle,

Rondeaux.

Mais ta forme est, en beaulte loultrepasse
Dautant que lor tous les metaulx surpasse,
Et si voit on mainte vertu en elle,

Aussi par tout en volle la nouuelle.
Et ce qui plus ton renom renouuelle,
Cest q̄ tu as (toy seule) double grace.
      Grande vertu.
Grace en maintiē, & en parolle belle,
Grace en apres / q̄ mercy on appelle.
Lūe cōtraict q̄ tamour on pourchasse
Lautre de toy la ioyssance brasse
Ie te supply, vse enuers moy dicelle.
      Grande vertu.

  A la ieune dame melancolique & solitaire.
Par seule amour qui a tout surmonte,
On trouue grace en diuine bonte
Et ne la fault par autre chemin querre,
Mais tu la veulx par cruaulte conquerre,
Qui est contraire a bonne volunte.

Certes cest bien a toy grand cruaulte,
De vser en dueil la ieunesse & beaulte
Que ta donne nature sur la terre.
      Par seule amour.
En sa verdeur se resiouyst leste
Et sur lyuer laisse ioyeusete
En ta verdeur, plaisir donques asserre
Puis tu diras (si vieillesse te serre)
A dieu le temps, qui si bon ma este.
      Par seule amour.

Rondeaux. Fueil.lxxiij.

A vne dame pour luy offrir cueur & seruice.

TAnt seulement ton amour ie demande,
　Te suppliant, que ta beaulte commande
Au cueur de moy comme a son seruiteur,
Quoy que iamais il ne desseruit heur
Qui procedast/dune grace si grande.

Croy que ce cueur de te congnoistre amande,
Et voulentiers/se rendroit de ta bande,
Sil te plaisoit luy faire cest honneur.
　　　　Tant seulement.
Si tu le veulx, mectz le soubz ta commande,
Si tu le prends, las ie te recommande
Le triste corps/ne laisse sans cueur,
Mais loges y/le tien qui est vaincueur,
De lhumble serf/qui son vouloir te mande.
　　　　Tant seulement.

A vne dame pour la louer.

Rondeau ou toute aigreur abonde
Va veoir la doulceur de ce monde.
Telle doulceur tadoulcira,
Et ton aigreur ne laigrira.

TRop plus quen autre/en moy sest arreste
　Fascheux ennuy: car yuer & este
Nay veu que fraulde/hayne/vice/& oppresse
Auec chagrin, & durant ceste presse,
Plus mort que vif au monde iay este.

K j

Rondeaux.
Mais le mien cueur (lors de vie absente)
Commence a viure & reuient a sante.
Et tout plaisir vers moy prend son adresse,
Trop plus quen autre.
Car maintenant iappercoy loyaulte,
Ie voy a loeil amour & feaulte
Ie voy vertu, ie voy plaine lyesse,
Brief/ie les voy, voire mais en qui est ce?
Cest en vous seule/ou gyst toute beaulte.
Trop plus quen autre.

A la fille dung paintre Dorleans,
belle entre les autres.

AV temps passe/Apelles paintre saige,
Feit seulement de Venus le visage
Par fiction.mais (pour plus hault attaindre)
Ton pere a faict/ de Venus (sans rien faindre)
Entierement la face & le corsage.

Car il est paintre/& tu es son ouurage
Mieulx ressemblant Venus de forme & daage
Que le tableau/quapelles voulut paindte.
Au temps passe.
Vray est quil feit/si belle son ymaige,
Quelle eschauffoit en amour maint couraige,
Mais celle la/que ton pere a sceu taindre,
Y mect le feu, & a de quoy lestaindre.
Lautre neut pas vng si gros auantaige,
Au temps passe.

Du baiser de samye.

Rondeaux   Fueil.lxxiiij.

EN la baisant/ma dit, Amy sans blasme
Ce seul baiser/qui deux bouches embasme
Les arres sont du bien tant espere
Ce mot elle a/doulcement profere,
Pensant du tout appaiser ma grant flamme.

Mais le mien cueur adonc plus elle enflamme,
Car son alaine/odorant plus que basme
Souffloir le feu quamours ma prepare.
   En la baisant.
Brief, mon esprit/sans congnoissance dame,
Viuoit alors sur la bouche a ma dame,
Dont se mouroit le corps enamoure.
Et si sa leure eust gueres demoure
Contre la mienne, elle meust suce lame.
   En la baisant.

  Pour vng qui est alle loing de samye.
LOing de tes yeulx/tamour me vient pour-
 suyure,
Autant ou plus quelle me souloit suyure
Aupres de toy. Car tu as (pour tout seur)
Si bien graue dedans moy ta doulceur,
Que mieulx grauer ne se pourroit en cuyure.

Le corps est loing, plus a toy ne se liure
Touchant le cueur, ta beaulte men deliure
Ainsi ie suis (long temps a) sans mon cueur.
   Loing de tes yeulx.
Or lhomme est mort qui na son cueur deliure,
Mais endroit moy, ne se peut mort ensuyure,
Car si tu as le mien plain de langueur,

       K ij

Dixains.

I ay auec moy le tien plain de vigueur,
Lequel autant que le mien me faict viure,
Loing de tes yeulx.

Fin des Rondeaux.

Et commancent les Dixains.

Et premierement.
Le Dixain de Barbe & de Iaquette.

Vant ie voy Barbe, en riche habi[t]
duysant,
qui lestõach blãc & polly descoeuur[e]
Ie la cõpare a vng Strin bien luysan[t]
Fort bien taille, & mieulx ge[t]
te en oeuure.
Mais quant ie voy Iaquette qui se coeuure
Le dur tetin, le corps de bonne prise
Dun simple gris, acoustrement de frise,
Adoncq ie dy, pour la beaulte dicelle,
Ton habit gris est vne cendre grise,
Laquelle coeuure vng feu qui estincelle.

Le Dixain de ma dame Iehanne
Gaillarde, Lyonnoise.

CEst vng grant cas veoir le mont Pelyon,
Cest grãt merueille, auoir veu la grãt troy[e]
Mais qui ne voit la ville de Lyon,
Aucun soulas a ses yeulx il noctroye.
Non quen Lyon si grant plaisir ie croye,

Mais bien en vne estant dedans sa garde,
Car qui la voyt en esprit si gaillarde,
Plaisir y prend/plus qua veoir Ilion.
Et de ce monde vng des haultz cas regarde,
Pource quelle est/seule entre vng million.

Le dixain du monstre, a madame la Duchesse Dalencon.

MA maistresse est/de si haulte valeur
Quelle a le corps/droit/beau/chaste/ &
pudique
Son cueur constant nest pour heur ou malheur
Iamais trop gay, ne trop melencolique.
Elle a au chef vng esprit angelique,
Le plus subtil, qui oncq aux cieulx volla.
O grant merueille, on peut veoir par cela
Que ie suis serf dung monstre fort estrange.
Monstre ie dy, car pour tout vray elle a
Corps femenin/cueur dhomme/& teste dange-

Le dixain de Fermete.

QVi en amours veult sa ieunesse esbatre,
Vertuz luy sont propres en dictz & faictz
Mais il ne fault qũg vẽt pour les abatre
Si fermete ne soustient bien le faiz.
Ceste vertu & ses seruans parfaictz,
Portent le noir qui ne se peut destaindre.
Et qui lamour premiere laisse estaindre
Le noir habit nest digne de porter.
Tout homme doit ceste vertu attaindre,
Si femme y fault, elle est a supporter.

K iij

Dizains

Le Dizain des Innocens.

TRefchere feur, fi ie fauois ou couche
Voftre perfonne, au iour des Innocens,
De bon matin ie yrois a voftre couche
Veoir ce gent corps que iayme entre cinq cēs
Adonc ma main (veu lardeur que ie fens)
Ne fe pourroit bonnement contenter,
Sans vous toucher/tenir/tafter/tenter.
Et fi quelcun furuenoit dauenture,
Semblant feroys de vous innocenter
Seroit ce pas honnefte couuerture?

Le Dizain du fonge.

LA nuict paffee/en mon lict ie fongeoye,
Quentre mes bras vous tenoys nue a nu,
Mais au refueil fe rabaiffa la ioye
De mon defir/en dormant aduenu.
Adonc ie fuis vers Apollo venu,
Luy demander quaduiendroit de mon fonge,
Lors luy ialoux de toy/longuement fonge,
Puis me refpond: Tel bien ne peulx auoir,
Helas mamour/faiz luy dire menfonge,
Si confondras Dapollo le fauoir.

Le Dizain de May.

MAy qui portoit robe reuerdiffante
De fleur femee, vng iour fe mift en place
Et quant mamye il vyt tant floriffante,
De grant defpit rougift fa verte face,

Dizains.   Fueil. lxxvj.

En me disant, tu cuydes quelle efface
(A mon aduis) les fleurs qui de moy yssent.
Ie luy responds, toutes tes fleurs perissent
Incontinant que yuer les vient toucher.
Mais en tout temps, de ma dame florissent
Les grans vertus, que mort ne peut secher.

Le Dizain du baiser reffusé.

LA nuict passee, a moy sest amusé
Le dieu Damours, aumoins ie le songeoye
Lequel me dit, pouure amant reffusé
Dung seul baiser, prens reconfort & ioye.
Ta maistresse est de doulceur la montioye,
Dont (comme croy) son reffuz cessera.
Ha (dys ie) amour, ne scay quant ce sera
Le meilleur est, que bien tost men retire
Auec sa dame, a peine couchera,
Qui par priere vng seul baiser nen tire.

Fin des Dizains.

Blasons & Enuoys.   Et premierement,

Le Blason des statues de Barbe & de Iaquet
te, esleuees a saincte Croix Dorleãs, Transla
te vers pour vers, de Latin en Francoys.
Vers Alexandrins.

Duint a Orleans, quen tant de mille
dames.
Vne & vne autre auec, nasquirẽt bel=
les femmes.

K iiij

Blasons & Enuoys.

Pour dũ tãt nouueau cas sauluer marqs isignes
On leur a estably/deux statues marbrines,
Mais on sequiert pourquoy/furẽt & sõt encore
Mises au tẽple aux saictz & maĩt la cause ignoꝛ
   Ie dy quõ ne doit metre ailleurs quẽ saict seioꝛ
Celles a qui se font/prieres nuict & iour.
Mais qlle durte est soubz voz peaulx tãt doul⸗
Maĩt amãt voꝰ reqert rñdez femelettes (cetes
Et les saictz absens oy ẽt/des priãs les lãgaiges
Nõobstãt quadressez/ilz soiẽt a leurs imaiges
Mais en parlant a vous/nẽtẽdez nos parolles,
Non plus q̃ si parlions/ a voz sourdes ydolles.

Blason de la Rose enuoyee pour estreines.

LA belle Rose, a Venus consacree
  Loeil & le sens de grand plaisir pouruoyt,
Si vous diray dame qui tant magree,
Raison pourquoy de rouges on en voyt.
Vng iour Venus son Adonis suyuoit
Parmy iardins plains despines & branches,
Les piedz toꝰ nudz, & les deux bras sãs mãches
Dont dun rosier, lespine luy messit.
Or estoient lors toutes les roses blanches,
Mais de son sang/de vermeilles en feit.
   De ceste rose ay ie faict mon proffit
Vous estrenant, car plus qua autre chose
Vostre visaige en doulceur tout confict,
Semble a la fresche & vermeillette rose.

Le blason du Pin, transmis a celle qui en porte le nom.

Blasons & Enuoys.

LArbre du Pin,tous les autres surpasse
 Car il ne croist,iamais en terre basse
Mais sur haultz monts sa racine se forme
Qui en croissant,prend si tresbelle forme
Que par forestz ou aucun autre endroit
On ne sauroit trouuer arbre plus droit
  Qui touchera son escorce polie
Pour ce iour la,naura melencolie
  Au chef du Pin,sont fueilles verdoyantes
Et a son pied,fontaines vndoyantes
  Son boys est bon,ou couppe ou entier
Sil est couppe,hors de son beau sentier
On en fera, ou nauire ou gallee
Pour nauiger,dessus la mer sallee
Et son le laisse,en la terre croissant
Il deuiendra,fertile & florissant
Et produira vne tresbelle pomme
Pour substanter,le triste cueur de lhomme
  Par ainsi doncq,en terre & sur la mer
Tout noble cueur,le Pin doibt estimer

Le blason de la chapelle,enuoye a celle q
en porte le nom,En vers Alexandrins.

LA chapelle qui est,bastie & consacree
 Pour le lieu doraisõ,a dieu plaist & agree,
De contres,bas & haulx,la chapelle fournie
Auec taille & dessus,cest tresbelle armonie,
La chapelle ou se font, eaux odoriferentes
Donne par ses liqueurs,guerisons differentes
Mais toy chapelle viue,estãt de beaulte pleine
Tu ne fais que donner,a tes seruiteurs peine.

Blasons & Enuoys

Blason a la louange du Roy, tranflate de Latin en Francoys. En vers Alexãdrins.

Celluy qui dit ta grace, eloquence & fauoir
Ne eftre plus grans que humains, de pres ne ta peu veoir
Et a qui ton parler, ne fent diuinite
De termes & propos, nentend la grauite
De lempire du monde, eft ta prefence digne
Et ta voix ne dit chofe/humaine, mais diuine
Combien dõques diray / lame plaine de grace
Si oultre les mortelz, tu as parolle & face?

Enuoy, pour eftrener vne damoifelle.

Damoifelle que iayme bien
Ie te donne pour la pareille
Tes eftreines, dung petit chien
Qui neft pas plus grant que loreille
Il iappe/il mord/il faict merueille
Et va defia tout feul troys pas/
Ceft pour toy/ie te lappareille/
Excepte que ie ne lay pas.

Enuoy Satirique, a Lynote la lingere mefdifante.

Lynote
Bigote
Marmote
Qui couldz
Tanote

Blasons & Enuoys. Fueil.lxxviij.

Tant sote
Gringote
De nous/
Les poulz
Les loups
Les clouz
Te puissent ronger soubz la cotte
Trestous
Tes trouz
Ordouz
Les cuysses/le ventre/& la mote.

Enuoy dun Poete Picard, a Marot.

REthoriquer contre vous ie ne veulx
Mais comme lun des enfans ou nepueux
De rethorique/ayans desir dentendre
Vers vous ie veulx mon entendement tendre

Enuoy responsif au precedent.

REthoriquer, trop mieulx que moy scauez
Et pour certain, meilleure grace auez
A ce que voy, que nont plusieurs & maintz
Qui pour cest art, mettent la plume es mains

Enuoy a Maistre Grenoille Poete ignorant.

BIen ressembles a la grenoille
Non pas que tu soys aquatique
Mais comme en leau elle barboille
Aussi faiz tu, en rethorique.

Blasons & Enuoys. Fueil.lxxvij.
Enuoy a vng nomme Charon, le conui̇ant a soupper.

MEtz voyle au vẽt, single vers no⁹ Charõ
Car on tattend, puis quãt seras en tente
Tant & plus boy, bonum vinum charum
Quaurõs pour vray, dõqs (sans lõgue attẽte)
Tente tes piedz, a si decente sente
Sans te fascher: mais en soys content, tant
Quen ce faisant, nous le soyons autant

Enuoy, a celle que son amy nose plus frequenter.

MOn cueur a vous se recommãde
Tout plaĩ dẽnuy & de martire,
Et pour lheure ne vous demande
Sinon qua dieu vous puisse dire
Ma bouche qui vous souloit rire
Et compter propos gratieux
Ne faict maintenant que mauldire
Ceulx qui mont banny de voz yeulx

Banny ien suis par faulx semblãt
Mais pour no⁹ veoir encor ensemble
Fault que me soyez ressemblant
De fermete: car il me semble
Que quant faulx rapport desassemble
Les amans qui sont assemblez.
Si ferme amour ne les rassemble
Tousiours seront desassemblez.
Fin des Dixains, Blasons, & Enuoys.

Fueil.lxxviij.

Chansons

Et Premierement.

PLaisir nay plus:mais vy ē descōfort
Fortune ma remis en grāt douleur
Lheur que iauoys, est tourne en ma
　heur
Malheureux est, q̄ na aucun confort

Fort suis dolent, & regret me remord
Mort ma oste, ma dame de valeur
Lheur que iauoys. &c.
Malheureux est &c.

Valoir ne puis, en ce monde suis mort
Morte est mamour, dōt suis en grant langueur
Langoureux suis plain damere liqueur
Le cueur me part, pour sa dolente mort.

Autre chanson.

SEcourez moy ma dame par amours
Ou autrement, la mort me vient querir
Autre que vous ne peut donner secours
A mon las cueur, lequel sen va mourir
Helas helas, vueilles doncq secourir
Celluy qui vit pour vous en grant destresse
Car de son cueur, vous estes la maistresse

Si par aymer & souffrir nuictz & iours
Lamy dessert, ce quil vient requerir

Chansons

Dictes pourquoy faictes si longs seiours
A me donner, ce que tant veulx cherir?
O noble fleur, laisserez vous perir
Vostre seruant, par faulte de lyesse?
Ie croy quen vous na point tant de rudesse
   Vostre rigueur me feit plusieurs destours
Quant au premier ie vous vins requerir
Mais Bel Acueil ma faict dassez bons tours
En me laissant, maint baiser conquerir
Las voz baisers, ne me scauent guerir
Mais vont croissant, lardant feu qui me presse
Ioyssance est, ma medecine expresse

Vne autre

Dieu gard ma maistresse & regéte
Gente de corps & de facon
Son cueur tient le myen en sa tente
Tant & plus dun ardant frisson
Son moyt poulser sur ma chanson
Son de voix, ou harpes doulcettes
Cest espoir, qui sans marrisson
Songer me faict en amourettes.

La blanche colombelle belle
Souuent ie voys priant cryant
Mais dessoubz la cordelle delle
Me gette vng oeil friant ryant
En me consommant & sommant
A douleur, qui ma face efface
Dont suis le reclamant amant
Qui pour loultrepasse trespasse
   Dieu des amans, de mort me garde

Chanfons. Fueil.lxxx.

Me gardant, donne moy bone heur
En le medonnāt prens ta darde
En la prenant, naure son cueur
Et le naurant, me tiendray seur
En seurte, suyuray laccointance
En laccointant, ton seruiteur
En seruant, aura iouyssance.

Vne autre

IOyssance, vous donneray
Mon amy & si meneray
A bonne fin voftre esperance
Viuante ne vous laisseray
Encores quant morte seray
Lesprit en aura souuenance

Si pour moy auez du soucy
Pour vous nen ay pas moins aussi
Amour le vous doit faire entendre
Mais sil vous grieue destre ainsi
Appaisez voftre cueur transy
Tout vient a point qui peut attendre

Vne autre

IAttens secours, de ma seule pensee
I attens le iour, que lon mescōdyra
Ou que du tout la belle me dira
Amy, tamour, sera recompensee

Mon alliance est fort bien commancee

Chanson

Mais ie ne scay comment il en yra
Car selle veult, ma vie perira
Quoy quen amours, sattend destre auancee

Si iay reffus, vienne mort insensee
A son plaisir, de mon cueur ioyra
Si iay mercy/adoncq sesiouyra
Celluy qui point, na sa dame offensee.

Vne autre

Amour & mort mont faict oultrage
Amour me retient en seruage
Et mort pour acroistre ce dueil
A prins celluy loing de mon oeil
Qui de pres naure mon courage

Helas amour, tel personnage
Te seruoit en fleur de son eage
Mais tu es ingrat a mon vueil
De souffrir guerre & son orgueil
Tuer ceulx, qui tont faict hommage

Si est ce a mon cueur auantage
De ce que son noble corsage
Gist enuers, loing de mon acueil
Car si iauoys veu son sercueil
Ma grant douleur deuiendroit rage.

Vne autre

Celle qui ma tant pourmene
A eu pitie de ma langueur

Dedans son iardin ma mene
Ou tous arbres sont en vigueur.
Adonques ne vsa de rigueur/
Si ie la baise,elle maccolle
Puis ma donne son noble cueur
Dont il mest aduis que ie volle

Quant ie vey son cueur estre myen
Ie my toute crainte dehors
Et luy dy,belle ce nest rien
Si entre voz bras ie ne dors/
La dame respondit a lors
Ne faictes plus ceste demande
Il est assez maistre du corps
Qui a le cueur a sa commande

Vne autre

SI de nouueau,iay nouuelles couleurs
Il nen fault ia,prendre esbahissement/
Car de nouueau,iay nouuelles douleurs
Nouuelle amour & nouueau pensement
Dueil & ennuy,cest tout lauancement /
Que iay encor de vous tant amoureuse
Si vous supply, que mon commancement
Cause ne soit,de ma fin langoreuse

Pleust or a Dieu(pour fuyr mes malheurs)
Que ie vous tinse a mon commandement
Ou pour le moins/que voz grandes valeurs
Ne fussent point en mon entendement
Car voz beaulx yeulx me plaisent tellement
Et vostre amour,me semble tant heureuse

Chanſons

Que ien languis:ainſi voyla comment
Ce qui me plaiſt,meſt choſe doloreuſe.

Vne autre

Quant iay penſe en vous ma bien aymee
Trouuer nen puis, de ſi grande beaulte
Et de vertu,ſeriez plus eſtimee
Quautre qui ſoit,ſi neſtoit cruaulte
Mais pour vous aymer loyaument
Iay recompenſe de tourment
Touteſſois,quant il vous plaira
Mon mal,par mercy finera

Des q̃ mõ oeil apperceut voſtre face
Ma liberte du tout mabandonna
Car mõ las cueur,eſperãt voſtre grace
De moy partit,& a vous ſe donna
Or ſeſt il voulu retirer
En lieu dont ne ſe peut tirer
Et vous a trouuee ſans ſy
Fors queſtes dãme ſans mercy

Voſtre rigueur veult donq̃s q̃ ie meure
Puis q̃ pitie voſtre cueur me remord
Si naurez vous, de ce(ie voꝰ aſſeure)
Loz ny honneur,de ſy cruelle mort/
Car on ne doit mettre en langueur
Celluy qui ayme de bon cueur
Trop eſt rude,a ſon ennemy
Qui eſt cruel,a ſon amy

Vne autre.

IE ſuis ayme de la plus belle

Qui soit viuant dessoubz les cieulx
Encontre tous faulx enuieux
Ie la soustiendray estre telle

Si Cupido doulx & rebelle
Auoit desbende ses deux yeulx
Pour veoir son maintien gratieux
Ie croy quamoureux seroit delle

Venus la Deesse immortelle
Tu as faict mon cueur bien heureux
De lauoir faict estre amoureux
Dune si noble damoiselle.

Vne autre

Qvi veult auoir lyesse
Seulement dun regard
Vienne veoir ma maistresse
Que dieu maintienne & gard
Elle a si bonne grace
Qua celluy qui laueoit
Mille douleurs efface
Et plus, sil en auoit

Les vertuz de la belle
Me font esmerueiller
La souuenance delle
Faict mon cueur esueiller
Sa beaulte tant exquise
Me faict la mort sentir
Mais sa grace requise
Men peut bien garentir

Chansons.
Vne autre.

TAnt que viuray en aage florissãt
Ie seruiray amour le dieu puissãt
En faictz & dictz, ē chãsõs & accords.
Par plusieurs iours ma tenu lãguissãt,
Mais apres dueil ma faict resioyssant,
Car iay lamoʳ de la belle au gēt corps
Son alliance
Cest ma fiance
Son cueur est mien
Mon cueur est sien/
Fy de tristesse
Viue liesse
Puis quen amours say tant de bien.

Quant ie la veulx seruir & honnorer
Quãt p escriptz veulx son nõ decorer
Quant ie la voy & visite souuent.
Les enuieux nen font que murmurer,
Mais nostre amour/nen sauroit moins durer,
Autant ou plus en emporte le vent.
Maulgre enuie
Toute ma vie
Ie laymeray
Et chanteray,
Cest la premiere
Cest la derniere
Que iay seruie & seruiray.

Vne autre.

Languir me faiz, sans tauoir offensee
Plus ne mescriz/plus de moy ne tenquiers
Mais non obstant, autre dame ne quiers
Plustost mourir, que changer ma pensee

Ie ne dy pas, tamour estre effacee
Mais ie me plains de lennuy que iaquiers/
Et loing de toy, humblement te requiers
Que loing de moy/de moy ne soys lassee.

Vne autre

Dont vient cela, belle ie vous supply
Que plus a moy ne vous recommandez
Tousiours seray, de tristesse remply
Iusques a tant quau vray le me mandez
Ie croy que plus damy ne demandez
Ou mauuais bruyt de moy on vous reuele
Ou vostre cueur, a faict amour nouuelle.

Si vous laissez damours le train ioly
Vostre beaulte prisonniere rendez/
Si pour aultruy mauez mys en oubly
Dieu vous y doint le bien que y pretendez:
Mais si de mal en riens mapprehendez
Ie veulx quautant que vous me semblez belle
Dautant ou plus, vous me soyez rebelle.

Vne autre

Ma dame ne ma pas vendu
Elle ma seulement change

Mais elle a au change perdu,
Dont ie me tiens pour bien venge,
Car vng loyal a estrange
Pour vng autre qui la diffame,
Nest elle pas legiere femme?
    Le noir a quicte & rendu,
Le blanc est delle desrenge.
Viollet luy est deffendu
Point nayme bleu ny orange.
Son cueur muable sest renge
Vers le changeant couleur infame.
Nest elle pas legiere femme?

Vne autre.

IAy contente
Ma voulente
Suffisamment.
Car iay este,
Damours traicte
Differamment.
Iay eu tourment
Bon traictement
Iay eu doulceur & cruaulte.
Et ne me plaings fors seulement
Dauoir ayme si loyaulment
Celle qui est sans loyaulte.

Cueur affecte
Moins arreste
Qun seul moment.
Ta laschete

Chansons. Fueil. lxxxiiij.

Ma degette
Facheusement,
Prens hardyment
Amandement,
Et vous dames de grant beaulte
Si lhonneur aymez cherement
Vous nensuyurez aucunement
Celle qui est, sans loyaulte.

Vne autre

IE ne faiz rien que requerir
Sans acquerir
Le don damoureuse lyesse,
Las ma maistresse
Dictes quant est ce
Quil vous plaira me secourir?
Ie ne faiz rien que requerir.

Vostre beaulte, quon veoit florir
Me faict mourir,
Ainsi iayme ce qui me blesse,
Cest grand simplesse,
Mais grand sagesse,
Pourueu que men vueillez guerir,
Ie ne faiz rien que requerir.

Vne autre

DVn nouueau dard ie suis frappe
Par Cupido cruel de soy,

L iiij

Chanſons

De luy penſoys eſtre eſchappe
Mais cuydant fuyr, me decoy/
Et remede ie nappercoy
A ma douleur ſecrette/
Fors de crier, Allegez moy
Doulce plaiſant brunette

Si au monde ne fuſſiez point
Belle, iamais ie naymeroys/
Vous ſeule, auez gaigne le poinct
Que ſi bien garder ieſperoys/
Mais quant a mon gre vous auroys
En ma chambre ſeullette
Pour me venger / Ie vous feroys
La couleur vermeillette.

Vne autre

MAuldicte ſoit, la mondaine richeſſe
Qui ma oſte mamye & ma maiſtreſſe
Las par vertu, iay ſon amytie quiſe
Mais par richeſſe, vng autre la conquiſe.
Vertu na pas, en amour grand proueſſe

Dieu gard de mal/ la Nymphe/ la Deeſſe
Mauldict ſoit lor, ou elle a ſa lyeſſe
Mauldicte ſoit, la fine ſoye exquiſe
Le Dyamant/ & la Perle requiſe
Puis que par eulx la brunette me laiſſe.

Vne autre

Chansons, Fueil.lxxxv.

LE cueur de vous ma presence desire
Mais pour le mieulx(belle)ie me retire
Car sans auoir autre contentement
Ie ne pourroys, seruir si longuement
Venons au poinct, au poinct quon nose dire

Belle brunette, a qui mon cueur souspire
Si me donnez ce bien, sans mescondire
Ie seruiray:mais scauez vous comment?
De nuict & iour, tresbien & loyaulment/
Si ne voulez, ie fuyray mon martire

Vne autre

AMour au cueur me poingt
Quant bien ayme ie suis/
Mais aymer ie ne puis
Quant on ne mayme point/

Chascun soit aduerty
De faire comme moy/
Car daymer sans party
Cest vng trop grant esmoy.

Vne autre

QVi veult entrer en grace
Des dames bien auant/
En cautelle & fallace
Fault estre bien sauant.
Car tout vray poursuyuant
La loyaulte suyuant

Chanfons

Auiourduy eſt deceu/
Et le plus deceuant
Pour loyal receu

Vne autre

Long temps ya, que ie vy en eſpoir
Et que rigueur, a deſſus moy pouoir
Mais ſi iamais, ie rencontre Allegeance
Ie luy diray, ma dame, venez veoir
Rigueur me bat/ faictes men la vengeance.

Si ie ne puis Allegeance eſmouuoir
Ie le feray au Dieu damours ſauoir
En luy diſant, O mondaine plaiſance
Si dautre bien, ne me voulez pourueoir
A tout le moins, ne moſtez eſperance

Vne autre

Quant vous vouldrez faire vne amye
Prenez la de belle grandeur/
En ſon eſprit, non endormie/
En ſon tetin bonne rondeur/
Doulceur
En cueur/
Langaige
Bien ſage/
Danſant/ chantant/ par bons accords
Et ferme de cueur & de corps.

Si vous la prenez trop ieunette

Vous en aurez peu dentretien.
Pour durer prenez la brunette
En bon poinct, dasseure maintien.
Tel bien
Vault bien
Quon face
La chasse
Du plaisant gibier amoureux.
Qui prend telle proye est heureux.

 Chanson de Noel, sur le chant
 de la precedente.

Vne pastourelle gentile,
 Et vng berger en vng verger
Lauthryer en iouant a la bille
Sentredisoient pour abreger
Roger
Berger
Legiere
Bergiere
Cest trop a la bille ioue
Chantons noe/noe/noe.

Te souuient il plus du Prophete
Qui nous dit vng cas de hault faict,
Que dune pucelle parfaicte
Naistroit vng enfant tout parfaict.
Leffect
Est faict/
La belle
Pucelle

Chanſons.

A eu vng filz du ciel aduoue.
Chantons noe/noe/noe

Vne autre.

EN entrant en vng iardin
Ie trouuay Guillot martin
Auec helayne.
Qui vouloit ſon picotin
Son beau petit picotin.
Non pas dauoyne.
 Adonc Guillot luy a dit.
Vous aurez bien ce credit
Quant ie ſeray en alayne.
Mais nen prenez qun petit.
Car par trop grand appetit.
Vient ſouuent la panſe plaine.

Vne autre.

DAmours me va tout au rebours
Ia ne fault que de cela mente.
Iay reffus en lieu de ſecours.
Mamye rit/& ie lamente.
Ceſt la cauſe pourquoy ie chante
Damours me va tout au rebours.
Tout au rebours me va damours.

Vne autre.

IAy grant deſir
Dauoir plaiſir

Damour mondaine,
Mais cest grant peine,
Car chascun loyal amoureux
Au temps present est malheureux.
Et le plus fin,
Gaigne a la fin
La grace pleine.

Vne autre.

O Cruaulte logee en grãt beaulte,
O grãt beaulte q̃ loges cruaulte
Quant ma douleur iamais ne sentiras
Aumoins vng iour pẽse a ma loyaulte
Ingrate alors(peult estre)te diras.

Vne autre.

IAyme le cueur de mamye
Sa bonte & sa doulceur.
Ie layme sans iufamie
Et comme vng frere la seur.
Amytie demesuree,
Nest iamais bien asseuree,
Et mect les cueurs en tourment,
Ie veulx aymer autrement.

Ma mignonne debonnaire
Ceulx qui font tant de clamours
Ne taschent qua eulx complaire,
Plus qua leurs belles amours,
Laissons les en leur follye,

Chansons.
Et en leur melencolye
Leur amytie cessera.
Sans fin la nostre sera.

Vne autre.

SI ie vy en peine & langueur,
De bon gre ie le porte.
Puis que celle qui a mon cueur
Languist de mesme sorte.
Tous ces maulx nous faict receuoir
Enuye deceuante,
Qui ne permect nous entreueoir,
Et den parler se vante.

Aussi danger faulx blasonneur,
Tient rigueur a la belle,
Car il menasse son honneur,
Sil me veoit aupres delle.
Mais plustost loing ie me tiendray
Quil en viegne nuysance,
Et a son honneur entendray/
Plustost qua ma plaisance.

Vne autre.

CHangeõs propos/cest trop chāte damours
Ce sont clamours, chantons de la Serpete
Tous vignerons ont a elle recours,
Cest leur secours pour tailler la vignette,
O Serpillette, o la Serpillonnette.
La vignollette/est par toy mise sus

Chansons. Fueil.lxxxviij.

Dont les bons vins tous les iours sont yssus.

Le dieu Bacchus forgeron des haultz dieux,
Forgea aux cieulx/la serpe bien taillante
De fin acier, trempe en bon vin vieulx
Pour tailler mieulx, & estre plus vaillante.
Bacchus la vante, & dit quelle est seante
Et aduenante a Noe le bonshom.
Pour en tailler la vigne en la saison.

Bacchus alors/chappeau de treille auoit
Et arriuoit pour benistre la vigne
Auec flascons Silenus le suyuoit,
Lequel buuoit aussi droict qune ligne.
Puis il trepigne/& se faict vne bigne.
Comme vne guigne estoit rouge son nez,
Beaucop de gens de sa race sont nez.

Icy finist Ladolescence
Clementine.

AVTRES OEVVRES

de Clement Marot, valet de chambre du Roy. Faictes depuis leage de son adolescēce/Par cy deuant incorrectement/ & maintenant correctement imprimees.

Deploration sur le trespas de feu messire Florymond Robertet, iadis Cheualier, cõseiller du Roy nostre sire, Tresorier de Frãce, Secretaire des Finãces dudit seigneur, & Seigneur Daluye.

Iadis ma plume on veit son vol estẽdre,
Au gre damour, & dung bas stile & tendre
Distiller dictz, que souloys mettre en chant:
Mais vng regret de tous costez trenchant
Luy fait laisser ceste doulce coustume
Pour la tremper en ancre damertume.
Ainsi le fault, & quant ne le fauldroit
Mon cueur (helas) encores le vouldroit,
Et quant mon cueur ne le vouldroit encores,
Oultre son vueil, contrainct y seroit ores
Par laiguillon dune mort qui le point.
Que dis ie mort? Dune mort nesse point,
Ains dune amour, car quant chascũ mourroit
Sans vraye amour plaindre on ne le pourroit,
Mais quant la mort a fait son malefice
Amour a donc vse de son office
Faisant porter aux vrays amyz le dueil
Non point vng dueil de painctes larmes doeil,
Non point vng dueil de drap noir annuel,
Mais vng dueil tainct, dennuy perpetuel,
Non point vng dueil qui dehors apparoist,
Mais qui au cueur (sans apparence) croist.
Voyla le dueil qui a vaincu ma ioye
Est ce qui fait que toute rien que ie oye

Deploration

Me sonne ennuy/cest ce qui procure
Que couleur blanche a loeil me soit obscure
Et que iour cler me semble noire nuyct
De tel facon que ce qui tant me nuyt
Corrompt du tout le naif de ma muse
Lequel de soy ne veult que ie mamuse
A composer en triste tragedie:
Mais maintenant force mest que ie dye
Chanson mortelle en stille plein desmoy
Veu quautre cas ne peult sortir de moy.

   De mon cueur donc lintention totalle
Vous comptera vne chose fatalle
Que ie trouuay daduenture mal saine
(En men venant de Loyre droict a Seine)
Dessus Tourfou: Tourfou iadis estoit
Vng petit boys ou la mort commettoit
Meurtres bien grans/sur ceulx qui chemin tel
Vouloient passer. En cestuy lieu mortel
Ie vy la mort hydeuse & redoubtee
Dessus vng char/en triumphe montee/
Dessoubz ses piedz ayant vng corps humain
Mort a lenuers/& vng dard en la main
De boys mortel/de plumes empenne
Dung vieil corbeau/de qui le chant dampne
Predit tout mal/& fut trempe le fer
En eaue de Styx fleuue triste denfer

   La mort en lieu de Sceptre venerable
Tenoit en main ce dard espouentable
Qui en maintz lieux estoit tainct & tache
Du sang de cil quelle auoit submarche.

   Ainsi debout sur le char se tenoit
Que vng cheual pale en hanissant trainoit

De Robertet.

Deuant lequel cheminoit vne Fee
Fresche/en bon point/& noblement coiffee
Sur teste raize ayant triple couronne
Que mainte Perle & Rubys enuyronne.
Sa robe estoit dung blanc & fin Samys
Ou elle auoit en pourtraicture mys
(Par traict de temps)vng million de choses
Comme chasteaux/palays/& ville closes)
Villages,tours,& temples & conuentz/
Terres & mers/& voylles a tous ventz/
Artillerie,armes,hommes armez/
Chiens & oyseaulx/plaines & boys ramez
Le tout brode de fine soye exquise/
Par mains dautruy/torse,taincte,& acquise
Et pour deuise au bors de la besongne
Estoit escript. Le feu a qui en grongne.
Ce neantmoins sa robe elle mussoit
Soubz vng manteau qui humble paroissoit
Ou plusieurs draps diuers furent compris
De noir,de blanc/denfume & de gris.
Signifiant de sectes vng grant nombre
Qui sans trauail viuent dessoubz son vmbre.
 Ceste grant dame est nommee Romaine
Qui ce corps mort iusques au tumbeau maine
(La croix deuant)en grant cerimonie
Chantant motetz de piteuse armonie.
 Vne autre dame au coste droit venoit
A qui trop peu de chanter souuenoit/
 Dun haubin noir/de pareure tanee
Montee estoit/la plus triste & tannee
Qui fust alors soubz la haulteur celique
Helas cestoit Francoyse Republique

M iij

Deploration

Laquelle auoit en maintz lieux entame
Son manteau bleu, de fleurs de lys seme
Si deroinpoit, encor de toutes pars
Ses beaulx cheueulx sur elle tous espars
Et pour son train ne menoit auec elle
Sinon douleur, ennuy, & leur sequelle,
Qui la seruoient de tout cela qui duyt
Quant au sepulchre vng amy on conduyt.

De lautre part cheminoit en grant peine
Le bon hommeau Labeur qui en la plaine
Auoit laisse beuf charue & culture,
Pour ce corps mort conduyre en sepulture,
Mais bien laua son visage hasle
De force pleurs, ains que la fust alle.

Lors ie voyant telle pompe mondaine
Presupposay en pensee soubdaine
Que la gisoit quelque prince de nom:
Mais tost apres feuz aduerty que non
Et que cestoit vng seruiteur Royal
Qui fut iadis si prudent & loyal
Quapres sa mort son vray seigneur & Roy
Luy ordonna ce beau funebre arroy
Monstrant au doit cõbien damour desseruent
De leurs seigneurs, les seruans qui bien seruẽt.

Et comment sceu ie, alors qui estoit lhõme?
Autour de luy ne veoy qui le me nomme
Et men enquiers, mais le cueur qui leur fend
Toute parolle a leur bouche deffend.
Si vous diray comment doncques iay sceu
Le nom de luy. Ce char que iapperceu
Nestoit pare, de rouge, iaulne, ou vert,
Mais tou de noir par tristesse couuert

De Robertet. Fueil.xcij.

Et le fuyuoient Cent hommes en douleur
Veftuz dhabitz de femblable couleur.
Chafcun au poing torche qui feu rendoit
Et ou lefcu du noble mort pendoit.
  Lors curieux picquay pour veoir les armes.
Mais telle veue aux yeulx me mift les larmes
Y voyant painct lefle fans per a elle.
Dieu immortel(dis ie lors)voicy lefle
Qui a vole ainfi que voler fault
Entre deux airs,ne trop bas ne trop hault.
Voicy(pour vray)lefle dont la volee
Par fa vertu a la France extollee
Circonuolant ce monde fpacieux
Et furuolant maintenant les neuf cieulx
Ceft lefle noire en la bende doree
Lefle en volant, iamais non efforee
Et dont fortie eft la mieulx efcriuant
Plume qui fuft de noftre eage viuant.
  Ceft celle plume ou modernes efpris
(Soubz fes patrons)leur fcauoir ont appris
Ce fut la plume en faige main ballee
Qui ne fut oncq(comme ie croy) taillee
Que pour feruir en leurs fecretz les Roys
Auffi de reng elle en a feruy troys
En guerre,en paix,en affaires vrgens
Au gre des Roys,& prouffit de leurs gens.
  O vous humains qui efcoutez ma plaincte
Qui eft celluy qui eut cefte efle paincte
En fon efcu?Vous en fault il doubter?
Sentez vous point quant venez a goufter
Ce que ie dy en mon trifte mottet
Que ceft le bon Florimond Robertet?

M iiij

Deploration

En est il dautre en la vie mortelle
Pour qui ie disse vne louenge telle?
Non, car viuant/de son art nen approche
Or est il mort seruiteur sans reproche.
   Ainsi (pour vray) q̃ mon cueur & ma langue
Disoient daccord si piteuse harengue
La fiere mort sur le char setournee
Sa face pasle a deuers moy tournee
Et a bien peu quelle ne ma rue
Le mesme dard dont elle auoit tue
Celluy qui fut la toute ronde sphere
Par ou guettoys ma fortune prospere,
Mais tout acoup tourna sa veue oblicque
Contre & deuers Francoyse Republique
Qui lirritoit/mauldissoit/ & blasmoit
Dauoir occis celluy qui tant laymoit/
Adonc la mort (sans seffrayer) lescoute
Et Republicque hors de lestomach boute
Les propres motz contenuz cy apres/
Auec sangloutz sentresuyuans de pres.

   Comment la Republicque Francoyse parle a la Mort.

Puis quon scet bien/o peruerse chimere
  Que toute rage en toy se peult choisir/
Iusque a tuer auec angoisse amere
Lenfant petit au ventre de sa mere
Sans luy donner de naistre le loysir
Puis quainsi est/pourquoy prens tu plaisir
A monstrer plus ta force tant congnue
Dont ne te peult louenge estre aduenue?

De Robertet. Fueil.xciij.

Qui de son corps la force meǎ en preuue,
Deuant ses yeulx los ou gaing luy appert,
Mais en leffect ou la tienne sespreuue
Blasme pour lors/perte pour gaing/se treuue.
Chascun ten blasme/& tout le monde y pert
Perdu nous as lhomme au conseil expert,
Et las gette mort dedans le giron
De France(helas) qui pleure a lenuiron.

Francoys franc Roy de France & des Frācoys
Tu le fuz veoir quant lame il vouloit rendre,
De luy donner reconfort taduancoys,
Et en ton cueur contre la mort tancoys
Qui ton bon serf au besoing venoit prendre.
O quelle amour impossible a comprendre.
Sante/cent ans/puisse auoir vng tel maistre,
Et du seruant au ciel puisse lame estre.

France/& la fleur de ses princes ensemble
Le corps au temple en grant dueil on mene.
Lors France triste a Heccuba ressemble,
Quant ses enfans a lentour delle assemble
Pour lamenter Hector son filz aisne.
Quiconques fut Hector aux armes ne,
Robertet fut nostre Hector en sagesse,
Palas aussi luy en feit grant largesse.

Au fons du cueur les larmes vont puysant/
Pouures de court pour pleurer leur ruyne.
Et toy Labeur/tu ne veoys plus luysant
Ce cler soleil qui estoit tant duysant,
A esclarcir de ce temps la bruyne.

Deploration.

Proceſſions ne chanter en rue hymne,
Nont ſceu mouuoir fiere mort a mercy
Qui me contrainct de dire encor ainſi.

Vieille effacee/infecte Imaige immunde,
Crainctede gens, penſement ſoucieux,
Quel bon aduis/quelle ſaigeſſe abonde
En ton cerueau dapourir ce bas monde
Pour enrichir de noz biens les haultz cieulx.
Que mauldit ſoit ton dard malicieux,
En vng ſeul coup ſeſt monſtre trop habille,
Den tuer vng/& en naurer cent mille.

Tu as froiſſe la main tant imitable,
Qui au proffit de moy laſſe eſcripuoit.
Tu as couſu la bouche veritable,
Tu as perſe le cueur tant charitable,
Et aſſomme le chef qui tant ſcauoit.
Mais maulgre toy ca bas de luy ſe voit
Vng cler renom qui ce tour te fera,
Qui par ſus toy ſans fin triumphera.

Tu as deffaict (o lourde & mal a dextre)
Ta non nuyſance. & noſtre allegement
Endormy as de ta peſante dextre,
Cil qui ne peult reſueille au monde eſtre
Iuſques au iour du final iugement.
Las & tandis nous ſouffrons largement.
Nayant recours quau ciel & a noz larmes,
Pour nous venger de tes ſoubdains alarmes.

De voz deux yeulx vous ſa chere eſpouſee

De Robertet. Fueil.xciiij.

Faictes fontaine ou puyser on puisse eau
Filles de luy vostre face arrosee
De larmes soit/non comme de rosee,
Mais chascun oeil soit vng petit ruysseau
Chascun des miens en iette plus dun seau,
De tout cela faisons vne riuiere
Pour y noyer la mort qui est si fiere.

Ha la meschante/escoutez sa malice,
Premier occist en Martial destroict
Quatre meilleurs cheualiers de malice
Lescut/Bayard/la Tremoille & Palice
Puis est entree en mon conseil estroict.
Et de la trouppe alla frapper tout droict
Le plus ayme & le plus diligent
Souuent de telz est vng peuple indigent.

Si son nom propre a dire on me semond,
Ie respondray qua son los se compasse,
Son los fleurist, son nom cest Florimond
Vng mont flory, vng plus que flory mont
Qui de haulteur Parnasus oultrepasse.
Car Parnasus (sans plus) les nues passe.
Mais cestuy vainq la haulteur cristaline
Et de luy sort fontaine Cabaline.

De Robertet par tout le mot sespart
En Tartarie/Espaigne & la Moree,
Deux filz du nom nous restent desa part
Et vng nepueu, qui desprit/forme & art
Semble Phebus a la barbe doree.
De luy se sert dame France honnoree

Deploration

En ses secretz:car le nom y consonne
Si fait son sens/sa plume & sa personne.

Vous ses deux filz ne sont voz yeulx lassez.
Cessez voz pleurs/cessez Francoys & Claude,
Et en latin dont vous scauez assez,
Ou en beau grec quelque oeuure compassez,
Qui apres mort vostre pere collaude.
Puis increpez ceste mort qui nous fraulde,
En luy prouuant par dictz philosophaulx,
Comme inutile est son dard & sa faulx.

Lautheur.

Incontinent que la mort entendit
Que lon vouloit inutile la dire,
Son bras tout sec en arriere estendit,
Et fierement son dard mortel brandit,
Pour Republicque en frapper par grant Ire:
Mais tout acoup de fureur se retire,
Et dune voix qui sembloit bien loingtaine,
Dit telle chose vtile & trescertaine.

Comment la mort sur le propos de republicque parle a tous humains.

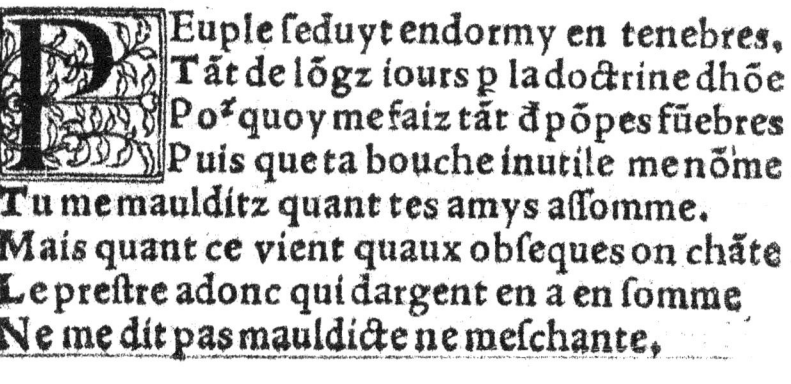

Euple seduyt endormy en tenebres,
Tãt de lõgz iours p la doctrine dhõe
Poʳquoy me faiz tãt đ põpes fũebres
Puis que ta bouche inutile me nõme
Tu me mauditz quant tes amys assomme.
Mais quant ce vient quaux obseques on chãte
Le prestre adonc qui dargent en a en somme
Ne me dit pas maudicte ne meschante.

De Robertet. Fueil.xcv.

Et par ainsi de ma pompe ordinaire
Amende plus le viuant que le mort.
Car grant tumbeau/grāt dueil/grāt luminaire
Ne peult lauer lame que peche mord
Le sang de Christ, quant la loy te remord
Par foy te laue, ains que le corps desuie.
Et touteffois sans moy qui suis la mort,
Aller ne peulx en leternelle vie.

Pourtant si suis deffaicte & desiree,
Ministre suis des grans tresors du ciel.
Dont ie deuroys estre plus desiree,
Que ceste vie amere plus que fiel.
Plus elle est doulce & moins en sort de miel,
Plus tu y viz/plus te charges de crimes.
Mais par deffault desprit celestiel,
En taymant trop tu me hays & deprimes.

Que dis ie aymer?celluy ne sayme en rien,
Lequel vouldroit tousiours viure en ce mōde,
Pour se frustrer du tant souuerain bien
Que luy promect verite pure & munde
Possadast il/mer/& terre feconde,
Beaulte/scauoir/sante sans empirer,
Il ne croit pas quil soit vie seconde,
Ou sil la croit/il me doit desirer.

Lapostre Pol/sainct Martin charitable,
Et Augustin de Dieu tant escriuant
Maint autre sainct plein desprit veritable,
Nont desire que moy en leur viuant.
Or est ta chair contre moy estriuant,

Deploration

Mais pour lamour de mon pere celeste,
Tenseigneray comme yras enfuyant
Ceulx a qui oncq/mon dard ne fut moleste.

Prie a Dieu seul que par grace te donne
La viue foy/dont sainct Pol tant escript,
Ta vie apres du tout luy abandonne,
Qui en peche iournellement aigrist.
Mourir pour estre auecques Iesuchrist
Lors aymeras plus que vie mortelle.
Ce beau souhait fera le tien esprit,
La chair ne peult desirer chose telle.

Lame est le feu/le corps est le tyson,
Lame est denhault/& le corps inutile
Nest autre cas que vne basse prison,
En qui languist lame noble & gentile,
De tel prison iay la clef tressubtille,
Cest le mien dard a lame gracieux.
Car il la tire hors de sa prison vile
Pour (dicy bas) la renuoyer aux cieulx.

Tien toy donc fort du seul Dieu triumphant,
Croyant quil est ton vray & propre pere,
Si ton pere est, tu es donc son enfant
Et heritier de son regne prospere,
Sil ta tire deternel impropere,
Durant le temps que ne le congnoissoys,
Que fera il sen luy ton cueur espere?
Doubter ne fault que mieulx traicte ne soys.

Et pour autant que lhomme ne peut faire

De Robertet.

Quil puiſſe viure icy bas ſans peche,
Iamais ne peult enuers Dieu ſatiſſaire,
Et plus luy doit le plus tard deſpeſche
Donc comme Chriſt en la croix atache
Mourut pour toy, mourir pour luy deſire,
Qui pour luy meurt eſt du tout relaſche
Dennuy/de peine/& peche qui eſt pire.

Qui fait le coup?ceſt moy tu le ſcez bien
Ainſi ie ſuis an chreſtien qui deſuſe
Fin de peche/commencement de bien.
Fin de langueur/commencement de vie.
Donc homme vieil/pourquoy prens tu enuie
De rerourner en ta ieuneſſe pleine.
Veulx tu rentrer en miſere aſſeruie
Dont eſchappe tu es a ſi grant peine?

Si tu me dys quen te venant ſaiſir,
Ie ne te faiz ſinon tort & nuyſance,
Et que tu nas peine ne deſplaiſir,
Mais tout plaiſir/lyeſſe & toute aiſance,
Ie dy quil neſt/deſplaiſir que plaiſance,
Veu que ſa fin neſt rien que damnement.
Et dy quil neſt/plaiſir que deſplaiſance,
Veu que ſa fin redonde a ſauluement.

Quel deſplaiſance entendz tu que ie dye?
Craindre mon dard? Cela nentendz ie point/
Ientendz pour Dieu ſouffrir dueil/maladie/
Perte & meſchef/tant viengnent mal appoint
Et mettre ius/de gre (car ceſt le poinct)
Deſirs mondains & lyeſſes charnelles,

Deploration

Ainsi mourant soubz ma darde qui poingt,
Tu en auras qui seront eternelles.

Doncques pour moy contriste ne seras,
Ains par fiance & dung ioyeulx courage
Pour a Dieu seul obeyr/laisseras
Tresors/amys/maison & labourage.
Cler temps de loing/est signe que lorage
Fera de lair tost separation.
Aussi tel foy au mourant personnage,
Est signe grant de sa saluation.

Iesus affin/que de moy neusses crainde
Premier que toy voulut mort encourir.
Et en mourant ma force a si estainde,
Que quant ie tue on ne scauroit mourir.
Vaincue ma pour les siens secourir,
Et plus ne suis qune porte ou entree
Quon doit passer voulentiers, pour courir
De ce vil monde en celeste contree.

Iadis celluy que Moyse lon nomme,
Vng grant serpent tout darain esleuoit.
Qui (pour le veoir) pouoit guerir vng hôme,
Quant vng serpent naturel mors lauoit.
Ainsi celluy qui par viue foy voit
La mort de Christ, guerist de ma blesseure.
Et vit ailleurs plus que icy ne viuoit
Que dis ie plus? mais sans fin ie tasseure.

Parquoy bien folle est la coustume humaine,
Quant aucun meurt/porter & faire dueil,

De Robertet.

Si tu croys bien que Dieu vers luy le maine,
A quelle fin en gettes larmes doeil?
Le veulx tu vif tirer hors du cercueil
Pour a son bien mettre empesche & deffense?
Qui pour ce pleure est marry dont le vueil
De Dieu est faict/iugez si cest offence.

Laisse gemir & braire les Payens
Qui nont espoir deternelle demeure/
Faulte de foy te donne les moyens
Dainsi pleurer quant fault que quelcun meure
Et quant au port du drap plus noir que meure,
Ypocrisie en a taille lhabit,
Dessoubz lequel tel pour sa mere pleure,
Qui bien vouldroit de son pere lobit.

Messes sans nombre/& force anniuersaires,
Cest belle chose & la facon ien prise
Si sont les champs/cloches & luminaires.
Mais le mal est en lauare prestrise.
Car si tu nas vaillant que ta chemise,
Tien toy certain que apres le tien trespas,
Il ny aura ne conuent ny eglise
Qui pour toy sonne/ou chãte/ou face vng pas.

Nordonne a toy telles solennitez,
Ne soubz quel marbre il fauldra quon tenterre
Car ce ne sont vers Dieu que vanitez,
Salut ne gist en tumbeau ny en terre,
Le bon chrestien au ciel yra grant erre,
Fust le sien corps en la rue enterre,
Et le mauuais en enfer tiendra serre

Deploration

Fust le sien corps soubz lautel enserre.

Mais pour tumber a mon premier propos,
Ne me crains plus ie te pry/ne mauldítz.
Car qui vouldra en eternel repos
Auoir de Dieu les promesses & ditz,
Qui vouldra veoir les anges benedictz,
Qni vouldra veoir de son vray Dieu la face,
Brief/qui vouldra/viure au beau paradis,
Il fault premier que mourir ie le face.

Confesse donc que ie suis bien heureuse,
Puis que sans moy tu ne peulx estre heureux,
Et que ta vie est aigre & rigoreuse,
Et que mon dard nest aigre ou rigoreux.
Car tout au pis quant lesprit vigoreux,
Seroit mortel comme le corps immunde,
Encores te est/ce dard bien amoureux,
De te tirer des peines de ce monde.

Lauhteur.

Quant mort preschoit ces choses ou pa=
reilles,
Ceulx qui auoient les plus grandes o=
reilles,
Nen desiroient entendre motz quelconques.
Parquoy se teust/& feit marcher adoncques
Son chariot en grant triumphe & gloire
Et le defunct mener a Bloys sur Loyre,
Ou les manans pour le corps reposer,
Preparoient tumbe & pleurs pour larroser.
Or est aux champs ce mortel chariot.

De Robertet. Fueil.xcviij.

Et ny a bled/sauge ne polliot
Fleurs ne boutons hors de la terre yssus,
Quil nadmortisse en passant par dessus.
Taulpes & vers qui dedans terre hantent,
Tremblent de peur, & bien passer le sentent.
Mesmes la terre en seurte ne se tient,
Et a regret ce chariot soustient.
  La dessus est la mort maigre & vilaine,
Qui de sa froide & pestifere alaine
Lair dentour elle a mis en tel meschef
Que les oyseaulx vollans par sus son chef,
Tumbent denhault & mors a terre gisent,
Excepte ceulx qui les malheurs predisent.
  Beufz & iumens courent par le pays
De veoir la mort grandement esbahys.
Le loup cruel crainct plus sa face seulle,
Que la brebis du loup ne crainct la gueulle.
Tous animaulx de quelzconques manieres,
A sa venue entrent en leurs tasnieres.
  Quant elle approche ou fleuues ou estangs,
Poulles/canardz/& cignes la estans,
Au fons de leau se plongent & se cachent
Tant que la mort loing de leurs riues sachent.
  Et selle approche vne ville ou bourgade,
Le plus hardy se musse ou chet malade
Ou meurt de peur. Nobles/prestres/marchãs,
Laissent la ville & gaignent lair des champs.
Chascun fait voye a la chimere vile.
Et quant on voit quelle a passe la ville,
Chascun reuient. Lors on espand & rue
Eau de senteurs/& vinaigre en la rue.
Puis es quantons feu de geneure allument

N ij

Deploration

Et leurs maisons esuentent & perfumeut
A leur pouuoir de leur ville chaffant
L aer que la mort y a mis en paffant.
 Tant fait la mort quaupres de Bloys arriue,
Et costoyoit ia de Loyre la riue.
Quant les poiffons/grans/moyens/& petitz
Le hault de leau laifferent tous crainctifz,
Et vont trouuer au plus profond & bas
Loyre leur dieu qui prenoit ses esbatz
Dedans son creux auec ses seurs & filles
Dames des eaux les Nayades gentilles.
Mais bien acoup ses esbatz se perdirent
Car les poiffons en leur langue luy dirent,
Comment la mort quilz auoient rencontree
Auoit occis quelcun de sa contree.
 Le fleuue Loyre adonc en ses espritz,
Bien deuina que la mort auoit pris
Son bon voysin/dont si fort lamenta,
Que de ses pleurs ses vndes augmenta.
Et neust este quil estoit immortel,
Trespasse fust dauoir vng remors tel.
 Ce temps pendant la mort fait ses exploictz
De faire entree en la ville de Bloys.
Dedans laquelle il ny a citoyen
Qui pour fuyr cherche lieu ne moyen.
Car du defunct ont plus damour empraincte
Dedãs leurs cueurs, q̃ de la mort nont craincte.
 De leurs maisons partirent seculiers,
Hors des conuens sortirent reguliers.
Iusticiers laifferent leurs practiques,
Gens de labeur serrerent leurs bouticques,
Dames auffi tant fuffent bien polyes,

De Robertet. Fueil.xcix.

Pour ce iour la ne se feirent iolyes.
Toutes & tous des grans iusque aux menuz
Loing au deuant de ce corps sont venuz.
Sinon aucuns qui les cloches sonnoient,
Et qui la fosse & la tumbe ordonnoient.
 Ses cloches dont chascune esglise esbranle
Sans carrillon/mais toutes a grant branle
Si haultement que le ciel entendit
La belle Echo qui pareil son rendit.
 Ainsi receu ont honorablement
Leur amy mort/& lamentablement
Lont amene auec croix & bannieres
Cierges/flambeaux/de diuerses manieres
Dedans leglise au bon sainct Honnore
La ou Dieu fut pour son ame implore
Par Augustins/par Iacobins & Carmes
Et Cordeliers. Puis auec pleurs & larmes
Enterre lont ses parens & amys
Et aussi tost quen la fosse il est mis,
Et que sur luy terre & tumbe on voit,
La fiere mort qui amene lauoit,
Subtilement de la sesuanouyt,
Et oncques puis on ne la veit ne ouyt.
Tel fut conduyt dedans Bloys la conte
Lordre funebre ainsi quon ma compte.
Si lay comprins succinct en cest ouurage
Faict en faueur de maint noble courage.
Sil y a mal/il vient tout de ma part.
Sil y a a bien/il vient dou le bien part.

  Fin de la Deploration sur la mort de
  feu Messire Florimond Robertet.

Eglogue sur le trespas de treshaulte & tresillustre Pincesse, Madame Loyse de Sauoye, iadis mere du Roy Francoys, premier de ce nom. En laquelle Eglogue, sont introduictz deux Pasteurs. Cest assauoir Colin Dāiou, & Thenot de Poictou, Poetes cōtēporains de Lautheur.

Thenot.

EN ce beau val, sont plaisirs excellens
Vng cler ruissean, bruiant pres de lōbrage.
Lherbe a souhet les vents nō violés,
Puis toy Colin, qui de chanter faitz rage.
A Pan ne veulx rabaisser son hommage,
Mais quāt aux champs tu lacompaigneroys,
Plustost proffit en auroit que dommage
Il tapprendroit, & tu lenseigneroys.
Quant a chansons, tu y besongneroys
De si grant art son venoit a contendre
Que quant sur Pan, rien tu ne gaigneroys
Pan dessus toy rien ne pourroit pretendre.
Sil gaigne en pris, vng beau fromage tendre
Tu gaigneras vng pot de laict caille,
Ou si le laict, il ayme plus cher prendre
A toy sera le frommage baille.

Colin.

Berger Thenot ie suis esmerueille
De tes chansons, & plus fort ie my baigne
Qua escouter le lynot esueille,

Eglogue

Ou leau qui bruyt/tombât dune montaigne.
Si au matin Calliope te gaigne.
Contre elle au soir obtiendras le butin.
Ou sil aduient/que tant noble compaigne
Te gaigne au soir/tu vaincras au matin.
Or ie te pry/tandis que mon mastin
Fera bon guet/& que ie feray paistre
Noz deux troppeaux, châte vng peu de Ca-
En dechiffrant son bel habit châpestre. (thi

Thenot.

Le rossignol de chanter est le maistre.
Taire conuient deuant luy les piuers
Aussi estant la ou tu pourras estre.
Taire feray mes chalumeaux diuers
Mais si tu veulx chanter dix fois dix vers
En deplorant la bergere Loyse.
Des coings auras six iaulnes & & six verts
Les mieulx sentans quon vit depuys Moyse.
Et si tes vers sont daussi bonne mise
Que les derniers que tu fis Dysabeau/
Tu nauras pas la chose quay promise
Ains beaucop plus & meilleur & plus beau.
De moy auras vng double chalumeau
Faict de la main de Raffy Lyonnois.
Lequel(a peine)ay eu pour vng cheureau
Du bon pasteur Michault que tu congnoys.
Iamais encor nen sonnay que vne foys
Et si le garde aussi cher que la vie
Si lauras tu de bon cueur touteffoys,
Faisant cela a quoy ie te conuie.

Colin.

Tu me requiers de ce dont iay enuie

De ma dame.

Sus doncq mes vers, chātez chātz doloreux
　Puis que la mort, a Loyse rauie
　Qui tant tenoit, noz courtilz vigoreux.
Or sommes nous maintenant malheureux
　Plus estonnez, de sa mortelle absence
　Que les aignaulx, a lheure quentour eulx
　Ne trouuent pas, la mere qui les pense.
Plorons bergers, nature nous dispense
　Plorons la mere, au grant berger dicy
　Plorons la mere, a Margot dexcellence
　Plorons la mere, a nous autres aussi
O grant pasteur, que tu as de soucy
　Ne scay lequel, de toy ou de ta mere
　Me rend le plus, de tristesse noircy/
　Chantez mes vers, chantez douleur amere.
Lors que Loyse, en sa loge prospere
　Son beau mesnage en bon sens conduysoit
　Chascun pasteur, tant fut il riche pere
　Lieu la dedans, pour sa fille eslisoit
Aucunesfois, Loyse saduisoit
　Les faire seoir toutes soubz vng grant orme
　Et elle estant au millieu, leur disoit,
　Filles il fault, que dung poinct vous informe
Ce nest pas tout, quauoir plaisante forme
　Bordes, trouppeaux, riche pere & puissant,
　Il fault preueoir que vice ne difforme
　Par long repos, vostre eage florissant.
Oysyuete nallez point nourrissant
　Car elle est pire, entre ieunes bergeres
　Quentre brebis, ce grant loup rauissant
　Qui vient au soir tousiours en ses fougeres.

Eglogue

A trauailler soyez doncques legeres/
  Que dieu pardoint, au bon homme Roger/
  Tousiours disoit/que ches les mesnageres
  Oysiuete ne trouuoit a loger.
Ainsi disoit/la mere au grant berger
  Et a son dict/trauailloient pastourelles,
  Lune plantoit herbes en vng verger
  Lautre paissoit, coulombs & tourterelles
Lautre a laiguille ouuroit choses nouuelles
  Lautre(en aps)faisoit chappeaux de fleurs/
  Or maintenant/ne font plus rien les belles
  Sinon ruisseaux de larmes & de pleurs.
Conuerti ont/leurs danses en douleurs
  Le bleu en brun, le vert gay en tanne
  Et leurs beaulx taictz, ē mauuaises couleurs
  Chantez mes vers, chantez dueil ordonne.
Des que la mort, ce grant coup eut donne
  Tous les plaisirs champestres sassouppirent
  Les petis vents, alors nont allene
  Mais les fors vents, encores en souspirent
Fueilles & fruictz/des arbres abbatirent
  Le cler soleil, chaleur plus ne rendit/
  Du manteau vert, les prez se desuestirent
  Le ciel obscur, larmes en respendit.
Le grant pasteur, sa musette fendit
  Ne voulant plus, que de pleurs se mesler
  Dont son troupeau (qui plaindre lentēdit)
  Laissa le paistre, & se print a besler.
Et quant Margot ouyt tout reueler
  Son gentil cueur, ne fut assez habile
  Pour garder loeil, de larmes distiller
  Ains de ses pleurs, en fit bien plorer mille.

De ma dame.　　　　　　Fueil.cij.

Terre en ce temps, deuint nue & debile
　Plusieurs ruisseaux, tous a sec demourerent,
　La mer en fut, troublee & mal transquille,
　Et les Daulphins, bien ieunes y plourerent.
Cerues & cerfz, estonnez sarresterent.
　Bestes de proye, & bestes de pasture
　Tous animaux, Loyse regreterent
　Exceptez loups, de mauuuaise nature.
Tant (en effect) griefue fut la poincture
　Et de malheur, laduenture si plaine
　Que le beau lys, en print noire taincture
　Et les troupeaux, en portent noire laine
Sus arbre sec, sen complaint Philomene.
　Laronde en faict cryz piteux & tranchans
　La Tourterelle, en gemyt, & en meine
　Semblable dueil, & iacorde a leurs chantz
O frācs bergers, sur franche herbe marchans
　Quē dictes vo9? quel dueil, q̄ ennuy est ce
　De veoir secher, la fleur de tous noz chāps?
　Chantez mes vers, chantez a dieu lyesse.
Nymphes & Dieux, de nuyct en grāt destresse
　La vindrent veoir, & luy dirent. Helas
　Dors tu icy, des Bergers la maistresse
　Ou si cest mort qui ta mise en ces ias?
Las ta couleur (telle comme tu las)
　Nous iuge bien, que morte tu reposes.
　Ha mort fascheuse, oncques ne te meslas
　Que de ranir, les excellentes choses.
Tant eut au chef, de sagesses encloses.
　Tant bien sauoit le clos de France aymer.
　Tant bien y sceut, aux lys ioindre les roses,
　Tant bien y sceut, bonnes herbes semer.

Eglogue

Tant bien scauoit, en seurte confermer
    Tout le bestial/de tout la contree
    Tant bien scauoit son parc clorre & fermer
    Quon na point veu/les loups y faire entree
Tant a de foys/sa prudence monstree
    Contre le temps obscur & pluuieux
    Que France na(long temps a) recontree
    Telle bergere, au rapport des plus vieulx
A dieu Loyse/a dieu en larmes dyeulx,
    A dieu le corps/qui la terre decore.
    En ce disant, sen vont Nymphes & Dieux/
    Chantez mes vers, chantez douleur encore.
Rien nest ca bas, qui ceste mort ignore
    Coignac sen coigne, en sa poictrine blesme,
    Rommorantin la perte rememore,
    Aniou faict iou/Angolesme est de mesme.
Amboyse en boyt/vne amertume extresme
    Le Meine en maine vng lamentable bruyt
    La pouure Touure, arrousant Angolesme
    A son paue/de Truytes tout destruict.
Et sur son eau chantent de iour & nuyct
    Les Cignes blãcs, dõt toute elle est couuerte
    Pronostiquans, en leur chant qui leur nuyt
    Que mort p mort, leur tiẽt sa porte ouuerte.
Que faictes vous, en ceste forest verte
    Faunes, Siluans? ie croy que dormez la:
    Veillez veillez, pour plorer ceste perte
    Ou si dormez, en dormant songez la.
Songez la mort songez le tort quelle a
    Ne dormez point, sans songer la meschante
    Puis au resueil, comptez moy tout cela
    Quaurez songe, affin que ie le chante.

De ma Dame.

Dou vient cela,quon voyt lherbe sechante
　Retourner viue,a lors que leste vient?
　Et la personne au tombeau trebuchante
　Tant grande soit)iamais plus ne reuient.
Ha quant iouy lautrhryer(il me souuient)
　Si fort crier,la corneille en vng chesne/
　Cest vng grant cas(dys ie lors)sil naduient
　Quelque meschef,bien tost en cestuy regne
Autant men dit le corbeau,sur vng fresne
　Autant men dit,lestoille a la grant queue/
　Dont ie laschay,a mes souspirs la resne
　Car tel douleur,ne pense auoir oncq eue
Chantez mes vers,fresche douleur conceue
　Non,taisez vous,cest assez deplore,
　Elle est aux champs Elisiens receue
　Hors de trauaulx,de ce monde esplore.
La ou elle est/ny a rien deflore
　Iamais le iour,& les plaisirs ny meurent
　Iamais ny meurt,le vert bien colore
　Ne ceulx auec/qui la dedans demeurent.
Car toute odeur,Ambrosiennne y fleurent
　Et nont iamais,ne deux ne troys saisons,
　Mais vng primtêps,& iamais ilz ne pleurêt
　Perte damyz,ainsi que nous faisons.
En ces beaulx champs,& nayues maisons
　Loyse vit,sans peur,peine,ou mesaise,
　Et nous ca bas,plains dhumaines raisons
　Sommes marriz(ce semble)de son aise
La ne voyt rien qui en rien luy desplaise:
　La mange fruict,dinestimable pris
　La boyt liqueur,qui tout soif appaise
　La congnoistra,mille nobles espritz.

Eglogue

Tous animaulx plaisans y sont compris,
 Et mille oyseaulx, y font ioye immortelle,
 Entre lesquelz volle par le pourpris
 Son papegay, qui partit auant elle.
La elle voit, vne lumiere telle
 Que pour la veoir, mourir deurions vouloir
 Puis quelle a doncq, tant de ioye eternelle
 Cessez mes vers, cessez de vous douloir.
Mettez voz montz & pins, en nonchailloir
 Venez en France (o Nymphes de Sauoye)
 Pour faire honneur, a celle qui valloir
 Feit par son los, son pays & sa voye.
Sauoysienne estoit bien le sauoye
 Si faictes vous, venez donques, affin
 Quauant mourir, vostre oeil pardeca voye
 La ou fut mise, apres eureuse fin.
Portez au bras, chascune plain coffin
 Dherbes & fleurs, du lieu de sa naissance
 Pour les semer, dessus son marbre fin
 Le mieulx pourueu, dont ayõs cõgnoissãce.
Portez rameaux, paruenus a croissance
 Laurier, Lierre, & Lys blancs honnorez
 Rommarin vert, Roses en abondance
 Iaulne Soulcie, & Bassinetz dorez
Passeueloux, de Pourpre colorez
 Lauande franche, Oeilletz de couleur viue,
 Aubepins blancz, Aubefains azurez,
 Et toutes fleurs, de grant beaulte nayue.
Chascune soit, den porter ententiue,
 Puis sur la tombe en gettez bien espays,
 Et noubliez, force branches doliue,
 Car elle estoit, la bergere de paix.
Laquelle sceut, dresser accords parfaitz

De madame. Fueil. ciiij.

Entre bergers, alors que par le monde
Taschoient lun lautre, a se rendre deffaictz
A coups de Goy, de Houlette & de Fonde
Vien le dieu Pan, vien pluſtoſt que laronde
Pars de tes parcs, Darchadie deſplace
Ceſſe a chanter, de Syringue la blonde
Approche toy, & te metz en ma place
Pour exalter, auec meilleure grace
Celle de qui ie me suis entremys,
Non (pour certain) que den parler me laſſe
Mais tu as tort, que tu ne la gemys.
Et toy Thenot, qui a plorer tes mys
En meſcoutant parler de la treſbonne,
Deliure moy, le Chalumeau promis
A celle fin quen concluanr la ſonne.
Et que du ſon, rende grace, & donne
Louenge aux dieux des haultz montz & des
Si haultemēt que ce val en reſonne, (plais
Ceſſez mes vers, ceſſez icy voz plainctz.

Thenot

O franc paſteur, combien tes vers ſont plains
De grant doulceur, & de grant amertume,
Le chāt me plaiſt, & mon cueur tu cōtrainctz
A ſe douloir plus quil na de couſtume.
Quant tout eſt dit, Melpomene allume
Ton ſtile doulx, a triſtement chanter
Oultre, il neſt cueur (& fuſt ceſt vn cueur dē
Que ce ppos, ne feiſt biē lamēter, (clume)
Parquoy (Colin) ſans flater ne vanter
Non ſeulement le bon flageol merites,
Ains deuroit on, chappeau te preſenter
De vert Laurier, pour choſes tāt biē dictes,

Eglogue

Sus,grās Thoureaux,& vous brebiz petites
Allez au tect,assez auez brouste
Puis le soleil,tombe en ces bas limites/
Et la nuyct vient,deuers lautre coste.

Epytaphe de ladite dame en vers Alexādris.

Celle qui trauailla, pour le repos de maintz
Repose maintenāt,pourquoy criez humais?
Gardez bien le repos,quelle vous a donne,
Sās luy rōpre le sien,puis quil est ordonne.

H.D.V.Tetrastichon.

Coæ cum veneris,formam pingebat Apelles
Eximiam,num vnus clarus in orbe fuit?
Sic Loysæ fatum tenui modulatus auena
Vnus perpetua laude Marotus erit.

FINIS.

Fueil.cv.

Chant Royal chrestien

Vi ayme dieu, son regne & son épire
Riē desirer ne doit qua son hōneur/
Et touteffois lhōme tousiours aspire
A son biē ,p pre/a sō aise & bō heur/
Sans aduiser si point contem
ne ou blesse
(En ses desirs) la diuine noblesse/
La plus grant part appete grant auoir
La moindre part souhaitte grant sauoir
Lautre desire estre exempte de blasme
Et lautre quiert (voulāt mieulx se pourueoir)
Sante au corps, & Paradis a lame

Ces deux souhaictz, contraires on peut dire
Comme la blanche & la noire couleur/
Car Iesuschrist ne promect par son dire
Ca bas aux siēs, que ennuy, peine/ & douleur.
Et dautre part (respondez moy) qui est ce
Qui sans mourir, aux cieulx aura lyesse?
Nul pour certain, or fault il conceuoir
Que mort ne peut, si bien nous deceuoir
Que de douleur ne sentions quelque dragme/
Par ainsi semble impossible dauoir
Sante au corps, & Paradis a lame.

Doulce sante, mainte amertume attire/
Et peine au corps, est a lame doulceur:
Les bienheurez qui ont souffert martire
De ce nous font, tesmoignage tout seur.
Et si lhomme est, quelque temps sans destresse,

O j

Chant Royal

Sa propre chair, sera de luy maistresse
Et destruira son ame (a dire voir)
Si quelque ennuy ne vient ramenteuoir
Le pouure humain, dinuoquer dieu qui lame
En luy disant, homme penses tu veoir
Sante au corps, & Paradis a lame.

O doncques homme en qui sante empire
Croy que ton mal dun plus grãt est vaincueur
Si tu sentoys de tous tes maulx le pire
Tu sentiroys, enfer dedans ton cueur
Mais dieu tout bon, sentir (sans plus) te laisse
Tes petiz maulx, sachant que ta foiblesse
Ne pourroit pas ton grant mal perceuoir/
Et que aussi tost, que de lapperceuoir
Tu periroys comme paille en la flamme
Sans nul espoir, de iamais receuoir
Sante au corps, & Paradis a lame.

Certes plustost, vng bon pere desire
Son filz blesse, que meurtrier ou iureur/
Mesmes de verge il le blesse & dessire
Affin quil nentre en si lourde fureur,
Aussi quant dieu, pere celeste oppresse
Ses chers enfans/sa grant bonte expresse
Faict lors sur eulx, eau de grace pluuoir,
Car par tel peine/a leur bien veult preuoir,
A ce quenfer, en fin ne les enflamme/
Leur reseruant (oultre lhumain deuoir)
Sante au corps & Paradis a lame.

Enuoy

Chrestien. Fueil.cvj.

Prince Royal, quant dieu par son pouuoir
Fera les cieulx,& la terre mouuoir,
Et que les corps sortiront de la lame,
Nous aurons lors,ce bien,cestassauoir
Sante au corps,& Paradis a lame.

Chant Royal, dont le Roy bailla le refrain.

PRenant repos,dessoubz vng vert Laurier
Apres trauail de noble poesie,
Vng nouueau songe assez plaisant,lautrhyer
Se presenta deuant ma fantasie
De quatre amans,fort melencolieux
Qui deuers moy,vindrent par diuers lieux,
Car le premier sortir dun boys iaduise
Lautre dun Roc, celluy dapres ne vise
Par ou il va,lautre saulte vne claye,
Et si portoient(tous quatre)en leur deuise
Desbender larc,ne guerist point la playe.

Le premier vint,tout palle me prier
De luy donner confort par courtoisie,
Poursuyuant suis(dit il)dont le crier
Nest point ouy, dune que iay choisie.
Elle a tire,de larc de ses doulx yeulx
Le perçant traict,qui me rend soucieux,
Me respondant(quant de moy est requise)
Que nen peut mais, & sa beaulte exquise
De moy sabsente,affin quen oubly laye,
Mais pour absence en oubly nest pas mise
Desbender larc,ne guerist point la playe.

O ij

Chant Royal

L'autre disoit au rebours du premier
Iay biens assez, & ne me ressasie,
Car seruant suis, de iouyr coustumier
De la plus belle & D'europe & D'asie.
Ce neantmoins, Amour trop furieux
D'elle me faict estre plus curieux
Quauant auoir la iouyssance prise,
Ainsi ie suis du feu la flamme esprise
Qui plus fort croist, quāt estaindre on lessaye,
Et congnoys bien, quen amoureuse emprise
Desbender l'arc ne guerist point la playe.

Apres ie vy daymer vng vieil routier
Qui de grant cueur, soubz puissance moysie
Chanta damours, vng couplet tout entier
Louant sa dame, & blasmant ialousie,
Dont les premiers ne furent enuieux
Bien luy ont dit, vieil homme entre les vieulx
Comment seroit ta pensee surprise
D'aucune amour, quant le temps qui tout brise
Ta desnue de ta puissance gaye?
Iay bon vouloir (respond la teste grise)
Desbender l'arc ne guerist point la playe.

D'un rocher creux, saillit tout au dernier
Vne ame estant de son corps dessaisie
Qui ne vouloit de Charon Nautonnier
Passer le fleuue, o quelle frenaisie,
Aller ne veult aux champs delicieux,
Ains veult attendre au grant port Stigieux
L'ame de celle ou samour est assise,
Sans du venir, sauoir lheure precise,

Chrestien.

Lors mesueillay, tenant pour chose vraye
Que (puis quamour, suyt la personne occise)
Desbender larc ne guerist point la playe.

Prins se lamour, vng querant tyrannise,
Le ioyssant cuyde estaindre & attise,
Le viel tient bon, & du mort ie mesmaye
Iugez lequel, dict le mieulx sans fainctise
Desbender larc ne guerist point la playe.

Lepistre du coq en lasne, Enuoyee a Lyon
Iamet de Sansay en Poictou.

IE tenuoye vng grant million
De salutz, mon amy Lyon,
Silz estoiét dor, ilz vauldroiét mieulx
Car les Francoys ont parmy eulx
Tousiours des nations estranges,
Mais quoy, nous ne pouons estre anges
Cest pour venir a lequiuoque,
Pour ce que vne femme se mocque
Quant son amy son cas luy compte,
Et pour mieulx te faire le compte
A Rome sont les grans pardons,
Il fault bien que nous nous gardons
De dire quon les appetisse,
Excepte que gens de iustice
Ont le temps apres les chanoynes,
Ie ne vey iamais tant de moynes
Qui viuent & si ne font rien,
Lempereur est grant terrien
Plus grant que monsieur de Bourbon,

O iij

Epistre du Coq

On dit quil faict a Chambourg bon
Si faict il a Paris en France,
Mais si Paris auoit souffrance
Montmartre auroit grant desconfort/
Aussi depuis quil gele fort
Croyez quen despit des ialoux
On porte soulliers de veloux
Ou de trippe/que ie ne mente,
Ie suis bien fol, ie me tourmente
Le cueur & le corps dun affaire
Dont toy & moy nauons que faire,
Cela nest que irriter les gens,
Tellement que douze sergens
Bien armes iusques au collet
Battront bien vne homme seullet
Pourueu que point ne se deffende.
Iamais ne veulent quon les pende,
Si disent les vieulx Quolibetz
Quon ne voit pas tant de gibetz
En ce monde que de larrons,
   Porte bonnetz carrez ou rondz
Ou chapperons fourrez dhermynes
Ne parle point, & faiz des mynes
Te voyla sage & bien discret
Lyon Lyon, cest le secret
Apprens tandis que tu es vieulx/
Et tu verras les enuieux
Courir comme la Chananee,
En disant quil est grant annee
Damoureuses & damoureux
De dolens & de langoreux
Qui meurent le iour quinze fois/

Samedi prochain touteffois
On doit lire la loy ciuille
Et tant de gens qui vont par ville
Seront bruslez sans faulte nulle
Car ilz ont cheuauche la mulle
Et la cheuauchent tous les iours.
Tel faict a Paris long seiours
Qui vouldroit estre en autre lieu
Laquelle chose de par dieu
Amours finissent par cousteaulx
Et troys dames des blancs manteaulx
Sabillent toutes dune sorte.
Il nest pas possible quon sorte
De ces cloistres aucunement
Sans y entrer premierement
Cest vng argument de Sophiste.
Et quainsi soit,vng bon papiste
Ne dit iamais bien de Luther,
Car silz venoient a disputer
Lun des deux seroit heretique.
Oultre plus,vne femme ethique
Ne sauroit estre bonne bague,
Dauantage.qui ne se brague
Nest point prise au temps present
Et qui plus est,vng bon present
Sert en amours plus que babilz
Et puis la facon des habitz
Dedans vng an sera trop vieille.
Il est bien vray qung amy veille
Pour garder lautre de diffame,
Mais tant ya,que mainte femme

Epistre

Sefforce a parler par escript
Or est arriue Lantechrist
Et nous lauons tant attendu,
Ma dame ne ma pas vendu
Cest vne chanson gringotee
La musique en est bien notee
Ou lassiete de la clef ment/
Par la mort bieu, voyla Clement
Prenez le, il a menge le lard
Il faict bon estre papelard
Et ne courroucer point les Fees,
Toutes choses qui sont coiffees
Ont moult de lunes en la teste,
Escriuez moy, son faict plus feste
De la lingere du Palays
Car maistre Iehan du Pont alays
Ne sera pas si oultrageux
Quant viendra a iouer ses ieux
Quil ne nous face trestous rire/
Vng homme ne peut bien escrire
Sil nest quelque peu bon lizart,
La chanson de frere Grisart
Est trop salle pour les pucelles
Et si faict mal aux cueurs de celles
Qui tiennent foy a leurs mariz,
Si le grant rymeur de Paris
Vient vng coup a veoir ceste lettre
Il en vouldra oster ou mettre
Car cest le Roy des corrigears/
Et ma plume doye ou de iars
Se sent desia plus errenee
Que ta grant vieille haquenee

Descrire auiourdhuy ne cessa.
　Des nouuelles de pardeca
Le Roy va souuent a la chasse
Tant quil fault descendre la chasse
Sainct Marceau pour faire pluuoir.
　Or Lyon/puis quil ta pleu veoir
Mon Epistre iusques icy,
Ie te supply mexcuser, si
Du coq a lasne voys saultant.
Et que ta plume en face autant
Affin de dire en petit metre,
Ce que iay oublye dy mettre.

　　Epistre a monseigneur le Chancellier du
　Prat, nouuellemēt Cardinal, enuoyee p
　ledict Marot oublye en lestat du Roy.

SI officiers en lestat seurement
　Sōt tous couchez, fors le poure Clement,
Qui comme vng arbre est de bout demoure
Quen dictes vous Prelat treshonnore?
Doit son malheur estre estime offense?
Ie croy que non, Et dy pour ma deffense
Que sung pasteur, qui a ferme son parc
Trouue de nuyct loing cinq ou six traictz darc
Vne brebis des siennes esgaree.
Tant quil soit iour & la nuyct separee
En quelque lieu la doit loger & paistre,
Ainsi a faict nostre bon Roy & maistre.
Me voyant loing de lestat sa ferme
(Iusques au iour quil sera defferme)
Ce temps pendant/a pasturer mordonne.

Epistre au Chancellier.

Et pour trouuer plus dherbe franche & bonne,
Ma adresse au pre mieulx florissant
De son Royaulme/ample/large/& puissant.
  La (sans argent) ie rimaille & compose,
Et quant suis las, sur ce pre me repose.
La ou la trefle en sa verdeur se tient
Et ou le lys en vigueur se maintient.
La ie mattends/la mon espoir ie fiche,
Car si seellez mon acquict/ ie suis riche.
Raison me dit (puis que le Roy lentend)
Que le ferez. mon espoir qui attend
Me dit apres (pour replique finale)
Que de la grant dignite Cardinale
Me sentiray. Car ainsi que les Roys
De nouueau mys en leurs nobles arroys,
Mettent dehors en plaine deliurance
Les prisonniers viuans en esperance.
Ainsi iespere & croy certainement,
Qua ce beau rouge & digne aduenement,
Vous me mettrez (sans difference aucune)
Hors des prisons de faulte de pecune.
  Puis quen ce doncq tous autres precellez,
Ie vous supply (tresnoble Pre) seellez
Ce mien acquict, pourquoy nest il seelle?
Le parchemin a long & assez le.
Dictes (sans plus) il fault que le seellons,
Seelle sera sans faire proces longs.
  Son ne le veult daduanture seeller,
Ie puis bien dire (en effect) que cest laer
Leau/terre/& feu /qui tout bõ heur me cellent
Considere que tant dautres se seellent.
Mais si ie touche argent par la seelleure,

Epistre de Marot. Fueil.cx.

Ie beniray des fois plus de sept lheure
Le Chancellier/le seau/& le seelleur,
Qui de ce bien mauront pourchasse lheur.
Cest pour Marot, vous le congnoissez ly,
Plus legier est/que volucres celi.
Et a suiuy long temps chancellerie,
Sans proffiter rien touchant seelerie.
Brief monseigneur/ie pense que cest la
Quil fault seeller, si iamais on seella.
Car vous scauez que tout acquict sans seel,
Sert beaucop moins, qung potage sans sel,
Qung arc sans corde, ou qūg cheual sans celle.
   Si prie a Dieu & sa tresdoulce ancelle,
Que dans cent ans/en sante excellant
Vous puisse veoir de mes deux yeulx seellant.

   Dizain de Marot audict Seigneur, pour
se plaindre de Monsieur le Tresorier
Preudhomme, faisant difficulte dobeir
a lacquict despesche.

Puissant Prelat, ie me plais grādemēt
Du Tresorier / qui ne veult croire en
  cire.
En bon acquict/en expres mādemēt
En Robertet/nen Francoys nostre Sire.
Si nescay plus que luy faire ne dire,
Fors paindre Dieu en mon acquict susdict.
Adoncq sil est si preudhomme quon dit,
Il y croira, car en Dieu doit on croire.
Encor iay peur que Dieu en soit desdit,
Si ne mettez/lhomme en bonne memoire.

Marot estant prisonnier, escript au Roy pour sa deliurance.

ROy des Francoys, plain de toutes bontez
Quinze iours a (ie les ay bien comptez
Et des demain seront iustement seize
Que ie fuz faict confrere au diocese
De sainct Marry/en leglise sainct Pris.
Si vous diray comment ie fuz surpris,
Et me desplaist quil fault que ie le dye.
   Troys grans pendars vindrent a lestourdie,
En ce Palays me dire en desarroy
Nons vous faisons prisonnier par le Roy.
Incontinent qui fut bien estonne,
Ce fut Marot/plus que sil eust tonne.
Puis ont monstre vng parchemin escript,
Ou ny auoit seul mot de Iesuchrist.
Il ne parloit tout que de plaiderie,
De conseillers/& demprisonnerie.
   Vous souuient il (ce me dirent ilz lors)
Que vous estiez lautre iour la dehors,
Quon recourut vng cerrain prisonnier
Entre noz mains? Et moy de le nyer.
Car soyez seur si ieusse dit ouy,
Que le plus sourd dentre eulx meust bien ouy.
Et dautrepart, ieusse publiquement
Este menteur. Car pourquoy & comment
Eusse ie peu vng autre recourir,
Quant ie ne sceu moymesmes secourir?
Pour faire court/ie ne sceu tant prescher,
Que ces paillards me voulsissent lascher.
Sur mes deux bras, ilz mont la main posee,

De Marot emprisonne.

Et mont mene ainsi que vne espousee
Non pas ainsi, mais plus roide vng petit.
Et touteffois iay plus grant appetit
De pardonner a leur folle fureur,
Qua celle la de mon beau procureur
Que male mort les deux iambes luy casse,
Il a bien pris de moy vne beccasse,
Vne perdrix & vng leurault aussi
Et touteffois ie suis encor icy,
Encor ie croy que si ien baillois plus,
Quil ne fauldroit a prandre comme glus.
   Mais pour venir au poinct de ma sortie,
Iay tant doulcement chante ma partie,
Que nous auons bien accorde ensemble
Si que nay plus affaire(ce me semble)
Sinon a vous, la partie est bien forte.
Mais le droit point ou ie me reconforte,
Vous nentendez proces non plus que moy.
Ne plaidons point ce nest que tout esmoy
Ie vous en croy, si ie vous ay mesfaict.
Encor pose que le cas eusse faict,
Au pis aller ny cherroit que vne amende.
Prenez le cas que ie la vous demande.
Ie prens le cas que vous me la donnez.
Et si plaideurs furent oncq estonnez
Mieulx que ceulx cy, ie veulx quon me deliure,
Et que soubdain en ma place on les liure.
   Si vous supply (Sire) mander par lettre
Quen liberte voz gens me vueillent mettre.
Et si ien sors, iespere qua grant peine
My reuerront, si on ne my rameine.
   Treshumblement requerant vostre grace,

Epiſtre

De pardonner a ma trop grant audace
D auoir empris ce fol eſcript vous faire.
Et mexcuſez/ſi pour le mien affaire
Ie ne ſuis point vers vous alle parler.
Ie nay pas eu le loyſir dy aller.

Epiſtre a Mõſeigneur le Cardinal de Lorraine, par laqlle Lautheur le ſupplye de parler pour luy a Mõſeigneur le grant Maiſtre.

L Homme qui eſt pluſieurs ſortes bas,
 Bas de ſtature/& de ioye & deſbas.
Bas de ſauoir/en bas degre nourry
Et bas de biens/dont il eſt bien marry.
Prince treſnoble/a voſtre aduis comment
Vous pourroit il ſaluer haultement?
Fort luy ſeroit, Car petite clochette
A beau branler/auant que vng hault ſon gette.
Puis quil na doncq que humble & baſſe value,
Dun ſtille bas humblement vous ſalue.
 Mais qui eſt il ce gentil ſalueur
Qui oſe ainſi approcher ſa lueur
Du cler ſoleil qui la peut effacer?
Ceſt vng Marot/lequel vient pourchaſſer
Vng traict verbal de voſtre bouche exquiſe.
Pour bien tirer droict au blanc ou il viſe.
 Ce quil attend en ceſte court giſt la,
Et ce pendant pour tous treſors il a
Trois petiz dons/ou quelque heur il pratique,
Ceſt aſſauoir vne plume ruſtique
Vng don royal on ne peut aduenir.
Et yng eſpoir (en vous) dy paruenir.

Au Card. de Lor.

Touchant la plume, elle vient de la Muse
Qui a rimer aucuneffois la muse.
Le don royal vient (certes) dun octroy,
Plus liberal que de nul autre Roy.
Quant a lespoir que iay en vous boute,
Dailleurs ne vient que de voftre bonte
En qui me fie. Et brief, telle fiance
Mettra ma peine au goulfre doubliance.
Ientends pourueu q̃ Monfieur le grãt Maiftre
Vueillez prier vouloir fouuenant eftre
De mon affaire a ces nouueaulx eftas.
Car on y voit vng fi grant nombre & tas
De pourfuyuans, que grãt peur au cueur ay ie
De demourer auffi blanc comme neige.
Et puis fortune en loreille me fouffle,
Quon ne prent point en court telz chatz fans (moufle.
En me difant, qua caufe du rebout,
Souuent fe fault tenir ferme de bout.
Et quaux eftatz des Roys on ne fe couche
Facilement comme en lict ou en couche.

Soubz ces propos, Fortune lincenfee
Languir me faict, fans lauoir offenfee.
Mais bon efpoir qui veult eftre vainqueur,
Iufques chez moy vient vifiter mon cueur,
En maffeurant, que vne feule parolle
De vous me peult, faire coucher par rolle.

Plaife vous doncq noble fleuron royal,
Plaife vous doncq a ce baron loyal
En dire vng mot (pour ma protection,)
Acompaigne dun peu daffection.
Si vous pourray donner ce los (fi iofe)
De mauoir faict, dun nichil quelque chofe.

Epistre au Card. de Lor.

Mais dou vient ce que ma plume se mesle
Descrire a vous?ignore ou presume elle?
Non (pour certain) motif en est Mercure
Qui long temps a de me dire print cure,
Que vous estiez des biens aymez amans,
De dictz dorez, de beaulx rymez Romans,
Et de science, & diuine/& humaine.
   Cest le motif qui mon epistre maine
Deuant voz yeulx/esperant que bien prise
Sera de vous, sans en faire reprise.
Non que dedans rien bon y puisse auoir,
Fors vng desir de mieulx faire & sauoir.
Et nonobstant si petit que ien scay,
Quant me vouldrez pour vous mettre a lessay,
Et que mon sens ie congnoisse trop mince
Pour satisfaire a tant excellent Prince,
Ie men iray par boys/prez & fontaines
Pour prier la toutes Nymphes haultaines,
De vouloir estre a mon escript propices,
Affin de mieulx acomplir voz seruices.

Epistre au Roy par Marot estant malade a Paris.

ON dit bien vray, la mauuaise fortune
Ne vient iamais quelle nen apporte vne,
Ou deux ou trois, auecques elle (Sire)
Vostre cueur noble en sauroit bien que dire.
Et moy chetif qui ne suis Roy ne rien
Lay esprouue. Et vous compteray bien
Si vous voulez comment vint la besongne.
Iauois vng iour vng valet de Gascongne

De Marot malade.

Gourmant, yuroigne, & asseuré menteur
Pipeur, larron, iureur, blasphemateur
Sentant la hart de cent pas a la ronde
Au demeurant, le meilleur filz du monde
Prisé, loué, fort estimé des filles
Par les bordeaux, & beau ioueur de quilles
  Ce venerable hillot fut aduerty
De cent escuz que mauiez departy
Et que ma bourse auoit grosse apostume
Si se leua plustost que de coustume
Et me va prendre en tapinoys icelle
Bourse, & la mist tresbien soubz son esselle
Argent & tout (cela se doit entendre)
Et ne croy point que ce fust pour la rendre
Car oncques puis ie nen ouy parler
  Brief le vilain ne sen voulut aller
Pour si petit, mais encor il me happe
Saye & bonnet, chausses, pourpoinct & cappe
De mes habitz (en effect) il pilla
Tous les plus beaux, & puis sen habilla
Si iustement, qua le veoir ainsi estre
Vous leussiez pris (en plain iour) pour son maistre
  Finablement, de ma chambre il sen va
Droit a lestable ou deux cheuaulx trouua
Laisse le pire & sur le meilleur monte
Picque & sen va: pour abreger le compte
Soiez certain, quau partir dudit lieu
Noublya rien, fors a me dire a dieu.
  Ainsi sen va chastoilleux de la gorge
Ledit valet, monté comme vng sainct George
Et vous laissa, monsieur, dormir son saoul
Qui au resueil, neust sceu finer dun soul

P j

Epistre au Roy

Ce monsieur la (Sire) cestoit moymesme
Qui (sans mentir) fuz au matin bien blesme
Quant ie me vy sans honneste vesture
Et fort fasche de perdre ma monture,
Mais de largent que vous mauiez donne
Ie nefuz point de le perdre estonne
Car vostre argent (tresdebonnaire Prince)
Sans point de faulte est subgect a la pince.
  Bien tost apres ceste fortune la
Vne autre pire encores se mesla
De massaillir/& chascun iour massault
Me menassant de me donner le sault
Et de ce sault, menuoyer a lenuers
Rymer soubz terre & y faire des vers.
  Cest vne lourde & longue maladie
De troys bons moys, qui ma toute eslourdie
La pouure teste, & ne veult terminer
Ains me contrainct daprendre a cheminer
Tant affoibly, ma destrange maniere
Et si ma faict, la cuysse heronniere
Lestomach sec, le ventre plat & vague,
Quant tout est dit, aussi mauuaise bague
(Ou peu sen fault) que femme de Paris
Saulue lhonneur, delles & leurs maryz.
  Que diray plus? au miserable corps
(Dont ie vous parle) il nest demoure, fors
Le pouure esprit, qui lamente & souspire
Et en pleurant, tasche a vous faire rire.
  Or pour autant (Sire) que suis a vous
De troys iours lun, viennent taster mon poulx
Messieurs Braillon, le Coq, Akaquia
Pour me garder daller iusque a quia

De Marot malade.

Tout consulte, ont remys au primtemps
Ma guerison, mais a ce que ientends
Si ie ne puis au primtemps arriuer
Ie suis taille de mourir en yuer
Et en danger (si en yuer ie meurs)
De ne veoir pas, les premiers raisins meurs.
   Voyla comment depuis neuf moys en ca
Ie suis traicte: or ce que me laissa
Mon larronneau (long temps a) lay vendu
Et en Sirops, & Iullebz despendu.
Ce neantmoins ce que ie vous en mande
Nest pour vous faire ou requeste ou demande
Ie ne veulx point tant de gens ressembler,
Qui nont soucy autre que dassembler
Tant quilz viuront, ilz demãderont, eulx
Mais ie commance a deuenir honteux
Et ne veulx plus a voz dons marrester.
   Ie ne dy pas, si voulez rien prester
Que ne le preigne, il nest point de presteur
(Sil veult prester) qui ne face vng debteur
Et sauez vous (Sire) comment ie paye?
Nul ne le scait, si premier ne lessaye
Vous me deurez (si ie puis) de retour
Et vous feray, encores vng bon tour,
A celle fin quil ny ayt faulte nulle
Ie vous feray, vne belle cedulle
A vous payer (sans vsure, il sentend)
Quant on verra tout le monde content
Ou (si voulez) a payer ce sera
Quant vostre los & renom cessera
   Et si sentez que soys foible de rains
Pour vous payer: les deux Princes Lorrains

Epistre au Roy.

Me plegeront, ie les pense si fermes
Quilz ne fauldront pour moy a lū des termes,
Ie scay assez que vous nauez pas peur
Que ie menfuye, ou que ie soys trompeur.
Mais il faict bon asseurer ce quon preste.
Brief, vostre paye (ainsi que ie larreste)
Est aussi seure aduenant mon trespas,
Comme aduenant que ie ne meure pas.
   Aduisez doncq, si vous auez desir
De rien prester, vous me ferez plaisir.
Car puis vng peu, iay basty a Clement,
La ou iay faict vng grant desboursement.
Et a Maror qui est vng peu plus loing,
Tout tombera qui nen aura le soing.
Voila le poinct principal de ma lettre,
Vous sauez tout, il ny fault plus rien mettre.
Rien mettre las? Certes & si feray
Et ce faisant, mon stille ienfleray
Disant O Roy, amoureux des neuf Muses,
Roy en qui sont leurs sciences infuses.
Roy plus que Mars dhonneur enuironne,
Roy le plus Roy, qui fut oncq couronne
Dieu tout puissant te doint (pour testrener)
Les quatre coings du monde gouuerner.
Tant pour le bien de la ronde machine,
Que pour autant que sur tous en es digne.

Huictain a ce propos a Labbe de S. Ambroys.

Puis que le Roy a desir de me faire
  A ce besoing quelque gratieux prest,
Ien suis content, car ien ay bien affaire

Ballade.

Et de signer ne fuz oncques si prest,
Parquoy vous pry sauoir de combien cest
Quil veult cedulle, affin quil se contente,
Ie la feray tant seure (si dieu plaist)
Quil ny perdra que largent & attente.

Ballade sans refrain, responsiue a lespitre de celluy qui blasma Marot, touchãt ce quil escriuit au Roy, quant son valet le desroba.

LE Rimeur qui assailly ma,
En mentant contre moy rima.
Car ie ne blasme point Gascongne,
De toutes tailles bons leuriers,
Et de tous arts mauuais ouuriers,
Son Espitre assez le tesmoigne.

Il fault dire puis quainsi hoigne
Que ie luy ay grate sa rongne
En quelque mot quil trouua let/
Pourquoy dailleurs vouldroit il guerre,
Ie vouldrois voulentiers menquerre,
Sil est parent de mon valet.

Si ie congnoissois le follet,
Ie produirois en mon rollet
De sa vie assez de tesmoings.
Quel quil soit, il nest point Poete,
Mais filz aisne dune chouette,
Ou aussi larron pour le moins.

Pinseur pinsant, entre autres poinctz
Ie tay pinse de ce mot, pinse
Les bons ny sont pinsez ne poingtz,
Mais les meschans dont tu es prince.

Fin.

LA MORT NY MORD.

Emendation daucuns principaulx lieux obmis pour la haste de limpression, quon pourra facilement corriger auecques la plume.

Au.x.fueillet ou il y a Alaschartier, lisez/chartetier.

Au fueil.xj. ou y a, sans estre rez, lisez/sans estre ne rez.

Au.xvj.fe.y a, de madolescence, lisez/De mon adolescence.

A la ligne dapres y a, portant en dhef, lisez/portant en chef.

Au.xviij.f.y a, mon cueur mist, lisez/mõ cueur se mist.

Au.xx.f.y a donq, lisez/donques.

Au.xxxj.f.y a, les belles matieres, lisez/& les belles matieres.

Au mesme.fe.y a De corps tremblant, lisez/le corps tremblant.

Au.xxxvj.fe.y a, mémoire de bailler, lisez, memoire de baller.

Au.xxxviij.f.y a, q̃ de tamour, lisez, q̃ de tanoir

Au.xxxix.f.y a, enrimãt pour en rimãt. Et en/

rimant, pour, enrimant.
Au.xl.f.ya, a gargoilles, lifez, & gargoilles.
Au.xliiij.f.ya, fa voye, lifez, fa vie.
Au.lxxiiij.f.ya, ne fe peult mort enfuiure, lifez/
ne fen peult mort enfuiure.
Au.lxxv.f.ya, d fleur femee, lifez, d fleurs feme
Au.xc.feu.ya, ceft ce qui procure, lifez, ceft ce
qui me procure.
Au.xcij.f.ya, en affaire vrgés, lifez/en affaires.
Au.cij.f.ya, tout le beftial, lifez, tout le beftail.
Au.xcix.f.ya, tõbe on voyt, lifez/tõbe lõ voyt
Au.cx.f.ya, Iay tant doulcement chante, lifez
Iay tant chante doulcement.

Ce prefent Liure fut acheué dimprimer le
Lundy. xij. iour Daouft. Lan. M.D.
XXXII. pour Pierre Roffet, dict le Faulcheur. Par Maiftre Geofroy Tory. Im-
primeur du Roy.

www.ingramcontent.com/pod-product-compliance
Lightning Source LLC
Chambersburg PA
CBHW071935160426
43198CB00011B/1403